www.tredition.de

Schriften aus dem Familienarchiv Andresen 4
Herausgegeben von Dirk Meier

Theodor Andresen um 1920

„Das ist wohl eine der großen Eigenheiten des Menschen, dass er zu leicht die Gegenwart verflucht und eine bessere Zukunft ersehnt, wenn aber diese Gegenwart zur Vergangenheit ward, sich wieder zurücksehnt nach einer Zeit, die ihm doch in viel schönerem Lichte erscheint." – Theodor Andresen

Theodor Andresen

Aus der Geschichte eines Bauernhofes in Angeln

Herausgegeben von Dirk Meier

© 2019, Dr. habil. Dirk Meier
Herausgeber: Dirk Meier
Autor: Dirk Meier nach einem Manuskript von
                      Theodor Andresen
Umschlag: Foto: Archiv Andresen u. LASH Ausschnitt
                      Abt. 402, A 4, Nr. 301. Wees
Email: Dr.Dirk.Meier@gmail.com

Verlag: tredition GmbH
                      Halenreie 40-44
                      2359 Hamburg
ISBN: 978-3-7497-3072-8 (Paperback)
                      978-3-7497-3073-5 (Hardcover)
                      978-3-7497-3074-2 (e-Book)

Bibliografische Information der Deutschen Nationalbibliothek: Die Deutsche Nationalbibliothek verzeichnet diese Publikation in der Deutschen Nationalbibliografie; detaillierte bibliografische Daten sind im Internet über http://dnb.d-nb.de abrufbar

INHALTSVERZEICHNIS

VORBEMERKUNGEN

Theodor-Franz Andresen wurde am 25. April 1894 als Sohn des Lehrers und Organisten Franz Andresen in Ulsnis an der Schlei geboren. Hier erlebte er mit seinen Geschwistern eine glückliche Kindheit. Immer blieb die Reet gedeckte alte Schule – die heute noch steht – seine innere Heimat und Zuflucht, der Blick auf die Geschichte der alten Bauernfamilie Andresen aus Wees in Angeln gab ihm die moralische Leitschnur seines Lebens und die Kraft im Widerstand gegen die finsterste deutsche Diktatur zwischen 1933 und 1945.

So heißt es u.a. in einem Nachtrag von Juni 1937 im dritten Band der Familiengeschichte: „Das letzte Jahr ist für mich und meine Familie ereignisreich gewesen. Meine seit 15 Jahren innegehabte Stellung bei vorerwähnter Firma [Rumfirma Klepper in Flensburg] musste ich aufgeben.

Unerfreuliche Zerwürfnisse mit meiner Chefin führten – für mich allerdings völlig unerwartet – zu meiner Kündigung. Einige Zeit darauf ging die Firma durch Verkauf in andere Hände über, aber auch bei dem neuen Inhaber war die Bleibe für mich nicht möglich. So wurde ich am 1. Januar 1937 erwerbslos, ein Schicksal, welches über mich kam in einer Zeit, wo man fortgesetzt mit aller Emphase die gewaltigen Leistungen rühmte, die eine nationalsozialistische Regierung in Deutschland im Kampfe gegen die Arbeitslosigkeit, Not und Hunger vollbrachte.

Aber meine Notlage war wohl auch darum herbeigeführt, weil ich mich von Anfang an nicht in die neue Zeit fügen wollte und konnte."[1]

---

[1] Unter der neuen Zeit wird das NS-Regime verstanden

Und an anderer Stelle heißt es: „Die natürliche wie gewaltsame Reinhaltung der „Rasse" birgt unendliche Gefahren und führt unweigerlich zum Niedergang. Auch die Gegenwart wird das begreifen müssen."

Schon als Schüler las ich immer wieder in den Schriften meines Großvaters mütterlicherseits, bewahrte und sammelte das von ihm begründete Familienarchiv. Bereits 1979 beschäftigte ich mich mit einer Facharbeit im Leistungskurs Geschichte an der Auguste-Viktoria-Schule in Flensburg mit der Weeser Hufe vor dem Hintergrund der Flurreformen Ende des 18. Jahrhunderts im Herzogtum Glücksburg.

Dieses Buch beruht auf dem dreibändigen, 1935/36 geschriebenen Werk von Theodor Andresen „Die Familie Andresen" und „Die Geschichte eines Bauernhofes und seiner Bewohner" von 1937".

Unendlich viel habe ich meinem Großvater zu verdanken, der zehn Jahre vor meiner Geburt am 27.1.1949 infolge eines Magentumors starb, wohl auch Folge seines langen inneren Widerstandes gegen die Diktatur des Nationalsozialismus. Die Erzählungen meiner Mutter (Karen Andresen 1925–2012) und seiner Schwester Anna Andresen (1890–1975) sowie seine hinterlassenen Schriften vermittelten mir aber eine lebendige Vorstellung seines Lebens.

Dieses Buch, das die Geschichte der Hufe in Wees und die der Kinder von Franz Christian Andresen, behandelt, gilt dem Andenken an Theodor Andresen. Seine Texte habe ich übernommen und nur behutsam überarbeitet.

Dank gilt dem Team von tredition für die Drucklegung. Dieses ist der 4. Band innerhalb der Reihe „Schriften aus dem Familienarchiv Andresen".

Dirk Meier

Kein Wesen kann zu Nichts zerfallen,
das Ewige regt sich fort in allen

Goethe

Hier wird erstmals der Versuch unternommen, über mein Geschlecht, soweit ich dessen Ahnenkette durch meine vieljähri-
gen Nachforschungen festgestellt und alles Wissenswerte von
den einzelnen Gliedern derselben gesammelt habe, eine zusam-
menhängende Darstellung zu schreiben.

Ich hebe hervor, dass ich mich hierbei von ganz bestimmten
aus rein persönlichen Betrachtungen und Anschauungen erwachsenen Gedanken leiten lasse.

Es soll dies keine „Familien-Chronik" im üblichen Sinne
sein. In dieser Darstellung soll keineswegs eine nüchterne Aufzählung von Daten, Lebensereignissen usw. vorgenommen
werden; auch lege ich keinen Wert darauf, etwa Auszüge aus
Kirchenbüchern oder Abschriften anderer Urkunden hier der
Reihe nach niederzulegen. Dafür ist mein Familienarchiv da, in
welchem das alles gesammelt ist und auf das in der nachfolgenden Darstellung jeweils hingewiesen wird.

Jene persönliche Art aber, mit der ich hier zu Werk gehe,
wird gekennzeichnet durch meine individualistische Einstel-
lung zur Welt.

Wenn ich es als wesentlich erachte, jedes Mal am Anfang einer Generation meines Geschlechts eine Art kulturgeschichtli-
chen Überblick in aller Kürze einzufügen, so folge ich damit
zunächst meiner persönlichen Neigung, im Sinne eines nun
über 300 Jahre alten humanistischen Geistes zu schreiben[2];
dann aber ist es die Erkenntnis, dass es bei der Beurteilung des

---

[2] Man beachte das Erscheinungsjahr 1935! Der Nationalsozialismus ersetzte
den humanistischen Geist durch seine verbrecherische Ideologie.

einzelnen Menschen von unschätzbarem Wert ist, ihn in das Licht seiner Zeit hineinzustellen, ihn als ein Glied seiner Umgebung, als ein lebendiges Teil aller zeitgenössischen Erscheinungen zu betrachten.

Die Darstellung des Lebens, so weit bekannt, die Herausstellung des Charakters, alles das ergibt sich dann von selbst.

Die Illustrationen habe ich nach eigenhändigen Skizzen selbst gefertigt.

Theodor Franz Andresen
Flensburg, im Herbst 1935

Knicklandschaft bei Rothenhaus in der Nähe von Wees,
Angeln. Aquarell von Theodor Andresen

„Landtcarte von dem Fürstenthume Sonderburg als den Ländern Alsen, Sundewitt und Lysburg zu finden" von Johannes Mejer 1649.

EINLEITUNG
Von Dirk Meier

Das Dorf Wees im Kirchspiel Munkbrarup in Angeln, aus dem meine mütterliche Familie Andresen stammt, gehörte von 1564 bis 1779 zum kleinen Herzogtum Glücksburg, dessen Landesherren mit dem Schloss Glücksburg eine aufwendige Hofhaltung betrieben, welche ihre ökonomischen Möglichkeiten weit überschritt. Die wirtschaftliche Lage der Bauern war schlecht.[3] Die Höfe der Hufner bzw. Bohls als Vollbauern waren durch eine „Feste" als Abgabe an die Glücksburger Herzöge als Grundherrn gebunden. Das Festerecht gestattete den Hufnern die selbständige Nutzung des ihnen überlassenen Landes, sie wurden jedoch zu Hofdiensten auf dem Glücksburger Vorwerk, dem adeligen Wirtschaftshof, herangezogen.

Für Festehufen galt das Erstgeburtsrecht. Zuerst erbte der älteste Sohn und dann seine Söhne und Töchter in aufstrebender Linie, darauf die jüngeren Söhne in der Altersordnung, dann die älteste Tochter und ihre Familie. Waren keine Kinder vorhanden, traten die aufsteigenden Seitenlinien von den Geschwistern des Bruders in gleicher Weise ins Erbrecht. Mit der Verordnung König Christian VII. vom 14.4.1776 belehnte die Krone die schleswigschen Bauern mit Grund und Boden und schuf so kleine Majorate, die erst nach dem Aussterben des ganzen Geschlechts an den König zurückfallen konnten. Jegliche Erbfeste war unteilbar.

Die dänische Regierung wollte sowohl aus humanen wie aus fiskalischen Gründen einen kräftigen Bauernstand schaffen und begünstigte daher den ältesten Sohn auf Kosten der übrigen Erben, ohne jedoch dem Recht des Einzelnen zu nahe zu

---

[3] Meier 1979; Prange 1971, 256 ff.

treten. Der älteste Sohn oder Erbe hatte ausschließlich das Recht auf den Boden, oder richtiger, er trat in das Recht der Krone ein; das Sonderrecht der Witwe, die Bewirtschaftung des Hofes auf den Festbrief des Mannes hin fortzusetzen, wurde aufgehoben. Sie erhielt eine Abnahme und besaß ein Miterbenrecht zusammen mit den Kindern auf die Gebäude des Hofes und auf das lebende und tote Inventar, welches vom neuen Besitzer nach Taxation ebenso wie das bare Geld und sonstige Vermögen unter den Partnern zur Teilung kam.

Die Hufner bildeten Dorfweise Feldgemeinschaften. Diese übergaben den einzelnen Bauern befristet gleichwertige und gleichgroße Ackerschläge zur Bewirtschaftung. Der bebaubare Boden war in Schlägen oder Kämpen eingeteilt. Deren Bestellung bestimmte dabei die Feldgemeinschaft ebenso wie den Ablauf der Feldarbeiten und das Verhältnis zwischen den Weide- und Ackerjahren im Rahmen des Flurzwangs. Unabhängig von der Feldgemeinschaft besaßen die Hufner Nutzungsrechte an der Allmende, dem unaufgeteilten Grundbesitz aus Weideland, Mooren und Wasserflächen. Unterhalb der Ebene der Hufner standen die Kätner als Kleinbauern und die Insten, die überwiegend als Tagelöhner oder Handwerker die unterste soziale Schicht bildeten. Auch innerhalb der einzelnen Schichten gab es soziale Unterschiede.

Nach Vergleichsangaben besaßen die Hufner in Wees in dieser Zeit meist acht Pferde, vier Kühe, zwei Starken, einige Kälber, mehrere Schweine, Ferkel sowie Schafe. Der Bestand an Milchkühen war demnach nur klein. Auch der Milchertrag war weit geringer als heute. Hingegen verfügte das herzogliche Vorwerk 1720 über 65 Milchkühe, aber nur vier Pferde, da die abhängigen Hufner jeweils wohl vier Pferde zur Bewirtschaftung zu stellen hatten. Der Bestand des Vorwerks änderte sich in den folgenden Jahrzehnten nicht.

In dem zum Herzogtum Glücksburg gehörenden Dorf Wees ruhte auf jeder vollen Hufe eine jährliche Belastung von 7

Reichstalern, 31 Schilling und 6 Pfennigen. Hinzu kamen Naturalabgaben.[4] Zudem mussten die Bauern Hilfe bei der Ausübung der herzoglichen Jagd gewähren. Dafür hatte Herzog Johann im 16. Jahrhundert einen Jagdzaun errichten lassen, der den Süden seines kleinen Herzogtums abschloss. Die Bauern mussten dieses Plankwerk nicht nur unterhalten, sondern auch die Tiere treiben, die Jagdwagen fahren, das erlegte Wild tragen und die Netze nach beendeter Jagd einsammeln. Mag die Jagdfronde noch erträglich gewesen sein, so wurden bei der Jagd doch die Felder in Mitleidenschaft gezogen.

Diese Hofdienste verhinderten ebenso wie die starre Regelung der Feldgemeinschaft mit ihrem Flurzwang jeden ökonomischen Aufschwung der Landbevölkerung. Daher beabsichtigte die königliche Regierung im Zeitalter der Aufklärung in der zweiten Hälfte des 18. Jahrhunderts, aber auch aus fiskalischen Gründen umfangreiche Agrarreformen.

Diese kamen auch in Glücksburg zum Tragen, als nach dem Tode des letzten Herzogs das Gebiet an den dänischen König zurückgefallen war und am 19.3.1779 in den dänisch regierten Anteil des Herzogtums Schleswig eingegliedert wurde. Die Munkbrarupharde vereinigte man dabei mit dem Amt Flensburg.[5] Die Glücksburger Gesetze wurden denen des Königreiches angepasst.

Die Aufhebung der Feldgemeinschaften und die Verkoppelung, wodurch die Hufner Privateigentum erhielten, standen im Mittelpunkt der Reformen. Gleichzeitig setzten sich auch neue Anbaumethoden, wie der Anbau von Kartoffeln oder von Klee, durch. Die alte, von den Bauern der Dörfer bislang gemeinschaftlich betriebene Dreifelderwirtschaft mit Winter-

---

[4] Meier 1979; Prange 1971, 256, 262 ff.
[5] Allg.: Behrend 1964; Prange 1971; für Munkbarup u. Wees: Meier 1979; Stüdtje 1975; 1976a/b.

frucht, Sommerfrucht und Brache wich im ehemaligen Herzogtum Glücksburg 1785 einer „verbesserten Dreifelderwirtschaft". Mit dieser aufkommenden Fruchtwechselwirtschaft mit Mergelung und besserer Düngung der Felder stiegen die Erträge. Auch im Gebiet von Wees war das Mergeln der Felder aufgrund der sandigen Böden der Munkbraruper Endmoräne und des Oxbüller Sanders notwendig.[6]

Infolgedessen steigen die Ernteerträge, und der Viehbestand verdoppelt sich etwa. Anstelle der Schweinemast im Wald oder auf den Feldern tritt die Ernährung aus der Hauswirtschaft. Trotz individueller Wirtschaft werden auch neue soziale Einrichtungen im Dorf, wie die Brandgilden, bedeutsam. Zuvor mussten die leicht brennbaren Fachwerkbauten mit ihren Reetdächern nach einer Feuersbrunst mühsam von den Betroffenen wiedererrichtet werden. Trotz aller Fortschritte in der Landwirtschaft bleibt die Ernährung der bäuerlichen Familien einfach, noch lebt man vom selbstgebackenen Roggenbrot, dem selbstgeräucherten Speck, der Buchweizengrütze und der Kartoffel als neuer Frucht.

Für die Verbreitung der Kartoffel, die man bis dahin nur in Botanischen Gärten anbaute, setzte sich im Herzogtum Glücksburg der 1702 in Langballig geborene aufgeklärte Landwirtschaftsreformer und Agrarökonom Phillip Ernst Lüders ein. Nach seinem Studium der Theologie in Wittenberg war er 1728 Diakon an der Munkbraruper Kirche geworden und wirkte dann seit 1755 bis zu seinem Lebensende 1786 als Propst und Hofprediger in Glücksburg. Hauptsächlich beschäftigte sich Lüders mit Fragen der Theorie und Praxis der Landwirtschaft. Unter dem Pseudonym *Pelagus* veröffentlichte er 52 Abhandlungen zu allen Fragen der Reform der Landwirtschaft und des ländlichen Bildungswesens. Zu seinen Hauptwerken gehörten: *Grundriß einer zu errichtenden Ackerschule, in welcher die Landes-*

---

[6] Behrend 1964; Meier 1979, 35; Prange 1971.

Jugend zu einer richtigen Erkenntniß und Uebung im Landbau ein-
geführet und zubereitet werden könne (1769) und *Näheres Bedenken*
über den Gebrauch der Erde, wenn Freiheit und Eigenthum, wo ihnen
beides fehlet, bei dem Bauernstande sollte eingeführet werden (1770).
Hinzu kamen weitere Werke wie *Die Bienenzucht aus eigener Er-*
fahrung (1784).

Er machte auch praktische Versuche auf von ihm angelegten
Feldern mit Rotklee, Hopfen, Korb-Weiden und Maulbeer-
sträuchern. Am 13. Juli 1763 wurde auf seine Anregung die *Kö-*
nigliche Dänische Ackerakademie als loser Zusammenschluss von
Bauern, Lehrern und Pastoren gegründet. Diese erste ökonomische Gesellschaft Schleswig-Holsteins musste aber 1767 schon
wieder schließen, da der geistliche Vorgesetzte in Kopenhagen
Anstoß am weltlichen Treiben nahm. Im Zeitalter der Aufklärung war der Agrarökonom Lüders Physiokrat. Er suchte in
Anlehnung an die Lehre des Franzosen François Quesnay, den
Volkswohlstand durch die gezielte Bearbeitung von Grund
und Boden zu sichern. Durch seine Schriften wurde Lüders so
zu einem Vorreiter der Erwachsenenbildung und -pädagogik.[7]

Die erste Vermessung der Gemeindefluren und Dorfgren-
zen im Kirchspiel Munkbrarup geht auf das Jahr 1707 zurück.
Zur Zeit der ersten Flluraufteilung 1781 umfasste das Kirchspiel
etwa 6.000 Tonnen (ca. 4.200 ha) agrarisches Nutzland.[8] Bereits
1782 war die Feldaufteilung beendet, da dieser keine hemmen-
den Grundstücksverhandlungen entgegenstanden, die sich andernorts mit Streitigkeiten oft über Jahre hinzogen.

In Wees reichen sechs Hufen bis 1582 zurück, 1685 werden
sieben Hufen erwähnt und 1782 ebenfalls sieben.[9] Demnach
hatte sich das Dorf in herzoglicher Zeit nicht vergrößert. Bei
den Hufen und Katen war der Anteil der Wiesen im Verhältnis

---

[7] Meier 1979, 34 ff.; Schröder-Lemke 1987.
[8] Meier 1979; Stüdtje 1975; 1976a/b.
[9] Meier 1979, 38 ff.; Stüdtje 1976, Chronik Munkbrarup Bd. 2, 586 ff.

zum Ackerland nur gering. Anders als die im Ortskern von Wees gelegenen Hufen wurden die Kätner auf die Außenländereien verdrängt. Ihnen wurde Allmendegrund mit kleinen Ackerfeldern zugestanden.

Eine auf diese Weise entstandene Katensiedlung bildet Weesries. Wie aus der Flurkarte von 1781 ersichtlich ist, lagen die meisten gleichgroßen und gleichwertigen Hufen im Ortskern von Wees umgeben von Feldern, Wiesen und Mooren für die Brenntorfgewinnung.[10]

Die Geschichte eine dieser Hufen (Nr. 100), die sich von 1759 bis 1875 im Besitz meiner mütterlichen Vorfahren, der Familie Andresen, befand, sei im Folgenden beschrieben.[11] Die von meinem Großvater Theodor Andresen erfolgten Forschungen zur Hofgeschichte stützen sich neben Urkunden und anderen Schriftzeugnissen[12] auch auf die Erzählungen und Niederschriften seines Vaters Franz, der 1856 auf der Weeser Hufe geboren wurde.

---

[10] Landesarchiv Schleswig-Holstein (LASH) Abt. 402 A 4 Nr. 301. Für ein Digitalsat der Flurkarte von Wees von 1781 danke ich Veronika Eisenmann.

[11] Andresen 1937. Auf der Flurkarte von 1781 wird er falsch als Peter Andersen genannt.

[12] Abschriften aus dem ehemaligen Preußischen Staatsarchiv in Kiel (jetzt: Landesarchiv Schleswig-Holstein) ruhenden alten Kirchen-, Erd- und sonstigen Büchern der Munkbraupharde, die Theodor Andresen freundlicherweise vom Direktor i.R. H. N. Andresen, Flensburg, zur Verfügung gestellt wurden. – Einsichtnahme in die Kirchenbücher der Gemeinde Munkbrarup im Angler Kirchenbucharchiv in Sörup durch Th. Andresen. – Einsichtnahme in die Schuld- und Pfandprotokolle der Munkbraupharde im Gerichtsarchiv Flensburg durch Th. Andresen. – Niederschriften im Nachlass des Lehrers und Organisten Franz Andresen, Flensburg. Archiv Andresen. – Tagebücher des Kaufmanns Fritz Andresen, Flensburg (Nachlass) aus den Jahren 1883–1888. Archiv Andresen. – Originalurkunde der Erbteilungs- und Uebertragungsacte von Franz Christian Andresen auf seinen Sohn Jens Peter Andresen vom 6. November 1873. Archiv Andresen.

ANFÄNGE

Nach Kirchenbucheintragungen des Kirchspiels Munkbrarup in Angeln reicht die schriftlich fassbare Geschichte der Andresens mit ihren Vorfahren bis in das 17. Jahrhundert zurück. Munkbrarup gehörte in dieser Zeit zum Herzogtum Glücksburg. Dieses war erwachsen aus demjenigen Teil der 1564 und 1582 von dem königlichen Anteil der Herzogtümer Schleswig-Holstein für Hans den Jüngeren als abgeteilten Herrn abgetrennten Besitzungen, die nach dessen Tod 1622 dem zweitjüngsten Sohn Phillip (1622–1663) zugefallen waren. Es umfasste in Angeln die Munkbrarupharde mit dem Schloss Glücksburg als Sitz der Herrschaft, jenseits der Flensburger Förde auf Sundewitt (Sundeved) die Nübelharde und einen Teil der Insel Aerø sowie einige Güter in Angeln. Der glücksburgische Anteil von Aerø ging 1750 durch Verkauf an den König über, die übrigen Besitzungen fielen diesem nach dem Tod des letzten glücksburgischen Herzogs 1779 zu.[13]

Nur die Munkbrarupharde hatte in herzoglicher Zeit zu einem überwiegend geschlossenen Herrschaftsgebiet gemacht werden können. Bezeichnend für Glücksburg wie für die anderen sonderburgischen Fürstentümer war die große Zahl der herrschaftlichen Vorwerke. Die im Kriege wüst gefallenen Bauernstellen wurden von Herzog Hans und den folgenden Herzögen durch Vorwerke ersetzt, die mit täglichen Hofdiensten der Untertanen bestellt wurden. Später verpachteten die Herzöge ihre Vorwerke. In bestimmten Grenzen leisteten auch die Bauern den Herzögen weiterhin Dienste. Auf den Bohlsmann

---

[13] Zur Geschichte des Herzogtums siehe im Überblick: Theodor Andresen u. Dirk Meier, Aus der Geschichte eines Bauernhofes und seiner Bewohner in Wees von 1759 bis 1875, 2016, 119-122

kamen, wie es für einzelne Freileute schon seit dem ausgehenden 17. Jahrhundert belegt ist, gewöhnlich acht Tage, die auf Pflügen, Mähen und Düngerfahren verteilt waren. Die Kätner dienten wöchentlich ein oder zwei Tage. Neben diesen ordentlichen Hoftagen wurden nicht näher bestimmte außerordentliche Dienste verrichtet, wie für Schloss und Garten, Brücken, Schleusen, Dämme und Deiche oder Reparaturen an Zäunen und am Plankwerk (herzogliche Jagdzaun). Diese durch die Bedürfnisse der fürstlichen Hofhaltung vermehrten Fuhren bedeuteten eine starke Belastung. Trotzdem waren nicht die Dienste, sondern die in Geld erhobenen Abgaben die größte Belastung für die Untertanen. Diese waren persönlich frei. Zwar behaupteten die Glücksburger Herzöge noch im 17. Jahrhundert die Leibeigenschaft und ließen sich entlaufene Untertanen wieder einfangen und verboten das Abziehen der Leute 1731 und 1736 durch ein Mandat, doch begründeten sie dies mit *ihrer angeborn Landesherrschaft schuldigen untertänigsten Respekt.* 1738 ging der Herzog ganz ausdrücklich davon aus, dass die Eingesessenen des glücksburgischen Lehns den Eingesessenen der königlichen Ämter gleich und nicht leibeigen seien.[14]

Peter Jacobsen ist der Erste in meiner Ahnenkette, der bisher festzustellen ist. *Peter Jacobsen, geb. 1662, gest. 18.6.1724 (alt 62 J.), verh. 28.10.1688* lautet der Eintrag im Kirchenbuch von Munkbrarup. Fraglich bleibt es, ob es jemals gelingen wird, diese Kette weiter in die Vergangenheit zu verfolgen. Alles Wissen um diesen Stammvater beschränkt sich auf die vorstehenden Daten. Dennoch will ich mich bemühen, ein wenig mit anderen Mitteln die Gestalt dieses Menschen zu umreißen, sie sozusagen aus der Nacht der Unkenntnis in den ersten Dämmerschein visionärer Ahnungen hinein zu rücken.

Versuchen wir zunächst, einen, wenn auch, dürftigen Einblick zu gewinnen in die Zeit um 1660. Wenn wir uns in die

---

[14] Dieser Abschnitt wurde von Dirk Meier ergänzt.

geschichtlichen Vorgänge jener Tage vertiefen, sammeln wir fast nur bittere Kenntnisse. Das vorherige Jahrhundert, das 16., war für unser Land ein Jahrhundert des Wohlstandes und des Aufstiegs. Es wird nicht mit Unrecht das Goldene genannt. Aber bald nach dem Jahrhundertwechsel beginnt ein düsteres Gewölk über unser Land aufzuziehen. Eine lange Zeit furchtbarer Kriegswirren beginnt. Was das in jenen Tagen bedeutete, davon haben wir traurige Kunde in Hülle und Fülle.

Da ist zunächst der 30-jährige Krieg, der auch bei uns in die entlegensten Landschaften dringt. Söldnerscharen ziehen durch Dorf und Feld, brennen, plündern und morden. Den armen Bauern werden unerträgliche Lasten aufgebürdet. In den Jahren 1644 und 1645 verwüstet die Soldateska des Schweden Torstenson ganz besonders den nördlichen Teil der Landschaft Angeln. Wenn auch 1645 zwischen Dänen und Schweden einstweilen Friede geschlossen wird, so dass man überall im Lande Dankgottesdienste abhält, so wütet doch schon im Jahre 1657 wieder der Polackenkrieg.[15] Es ist jener Krieg, in welchem der brandenburgische Große Kurfürst mit Hilfe von kaiserlichen und polnischen Truppen dem von Schweden bedrängten dänischen König zur Seite steht und in die Herzogtümer einfällt. Die Schand- und Missetaten der polnischen Truppen schreien gen Himmel. Sie graben sich auf lange Zeiten in tief in das Gedächtnis der Bevölkerung ein. Auch nach den Polackenkriegen kommt das Land nicht zur Ruhe. Der nordische Krieg bricht aus (1700–1721). Auf der einen Seite steht der dänische König, auf der anderen der schwedische und der Herzog von Gottorf. Brandschatzend bricht der gefürchtete schwedische General Steenbock in die Herzogtümer ein. Erst 1721 wird der Friede geschlossen.

---

[15] Schwedisch-Polnischer bzw. zweiter Nordischer Krieg von 1655–1660.

Wie furchtbar die Kontributionen waren, geht daraus hervor, dass in einem noch gelinden Falle eine Hufe 82 Taler jährlich entrichten muss. Eine Kuh kostet höchstens 6–10 Taler, eine Tonne Roggen 1 Taler. Bargeld ist nicht vorhanden. Hinzu kommen Misswachs, Wolfsplagen und Seuchen bei Menschen und Vieh.

Schloss Glücksburg 1755. Herzogs Friedrichs Rückkehr von der Jagd. Foto: Remmer, Flensburg

Die Zustände sind oft erschreckend. Wohl ist die Kirche der Mittelpunkt des Dorfes, wohl gilt sie als eine unumstößliche Autorität – aber die Schrecknisse des Krieges, die Verwahrlosung der Sitten in ihrem Gefolge rütteln auch an ihrer Macht. Der Kirchenbesuch lässt zu wünschen übrig, der Sonntag wird entheiligt; 1642 wird die Pflicht auferlegt, wenigstens einmal im Jahre zum Tisch des Herren zu kommen; ja man befestigt hier und da an den Mauern der Kirchen oder an den Glockentürmen jene berüchtigten Halseisen, um den Sünder, für den es noch keine Gefängniszelle im modernen Sinne gibt, an den Pranger zu stellen. Im Gottesdienst selbst setzt man sich gar oft in ungebührlicher Weise über die Heiligkeit des Ortes hinweg. Man kommt mit Verspätung, man geht, wie es einem behagt, man schwatzt während der heiligen Handlung. Vielleicht lässt sich einwenden, dass sie in einer Zeit, in der die hochdeutsche Sprache im Gottesdienst Eingang findet, die Bevölkerung, deren Umgangssprache die angelsächsische oder jütische Mundart ist, nicht den Worten des Geistlichen zu folgen vermag.

Noch zur Geburt von Peter Jacobsen 1662 regierte im Herzogtum Glücksburg Herzog Philipp (*1584, †1663), der vierte Sohn Johann des Jüngeren, des Erbauers des Glücksburger Schlosses und Stammherrn des Hauses Schleswig-Holstein-Sonderburg (jüngere königliche Linie). Wie sein Vorgänger Herzog Johann der Jüngere, der von 1564 bis 1622 das kleine Herzogtum regierte, versuchte auch Herzog Philipp, der Zeit entsprechend, seinen Besitz zu vergrößern. Bauernhöfe werden niedergelegt. Der Bauer, welcher durch die Kriegszeiten mehr und mehr verarmt, gerät jetzt in Abhängigkeit von Fürsten und Adel. Es sind auch die Zeiten, in welcher der Schutz von Leib und Gut eben völlig in den Händen dieses Herrenstandes liegt. Er hat die Gerichtsgewalt, er schützt die Untertanen gegen ein Verbittelsgeld, also durch eine Abgabe.

Wir dürfen auch nicht übersehen, dass es immer noch die Zeit der Flurgemeinschaft ist. Der Bauer hat kein eigenes Ackerland, es gehört der Dorfgemeinschaft, der Kommune. Jährlich erhält er einen Streifen Acker oder Weide zugeteilt. Oberflächlich wird die Krume mit dem selbstgebauten Holzpfluge geritzt. Von dem Wert des Dunges hat man keine Ahnung. Der Ertrag der Saat ist nach unseren Begriffen dürftig. Das 3. oder 4. Korn ist die Norm. Wer es zum 8. Bringt, leistet Rekord – und heute? Man erntet das 22. Korn! Die Almende wird in keiner Weise gepflegt. Das Vieh wird hinausgetrieben und kann sich ernähren von dem, was man findet. Dementsprechend ist auch der Ertrag aus dem Vieh. Es ist die Regel, dass ein Hof die gleiche Zahl von Pferden und Kühen hat. Drei

Liter Milch pro Kuh am Tage ist viel. Die Pferde werden jung zur Arbeit herangezogen, daher sind sie wenig leistungsfähig. Man muss zudem beständig Hand- und Spanndienste bei dem Gutsherrn leisten.

Weite Flächen des Landes liegen noch in ungenutztem Zustande. Moore und Sümpfe gibt es massenhaft. Der Wald nimmt noch ein großes Areal ein.

Kirche von Munkbrarup. Foto: Archiv Andresen

Dementsprechend haben wir uns auch den Zustand der Gebäude vorzustellen. Mit Ziegelsteinen baut nur der Herr seine Schlösser und Herrenhäuser. Der Dörfler greift zum Lehm, zum Flechtwerk, zum Holz. Aus Fachwerk und Lehm oder auch gänzlich aus Holzbohlen werden die Mauern errichtet. Die Dächer sind aus Stroh, seltener aus Reet, die Fenster klein mit winzigen, Blei verglasten Ruten; natürlich das Glas schlecht, kaum durchsichtig; inwendig die Räume eng und niedrig; die Diele von Lehm, in der Küche der offene Herd, die

Wasserverhältnisse sind schlecht, oft liegt der Brunnen im Felde, auf der Toft ist die Brandgefahr groß und es besteht keine Löschmöglichkeit.

Als Garten haben wir uns ein Stückchen am Hause zu denken, das fast ausschließlich mit Kohl bepflanzt wird, vielleicht noch daneben einen Apfelhof. Wozu man lebt? Kartoffeln sind noch unbekannt. Buchweizengrütze, Speck, trocken Brot. Die Butter ist zu wertvoll, um sie selbst zu verwenden. Sie wird verkauft. Und dabei ist es noch nach unseren Begriffen eine minderwertige Qualität.

Wie lebt der Mensch? Wie ist der Kreis seiner Gedanken? Arbeit, nichts als Arbeit! Und diese Arbeit zum größten Teil unbezahlt für einen fremden Herrn. Arbeitszeit, Arbeitseinteilung? Unbekannte Begriffe! Frau und Kinder müssen angespannt mitarbeiten in Hof und Feld. Der Abend ist bei dürftigem selbsthergestelltem Talglicht zum Spinnen und Weben. Sofern man sich Gesinde hält, ist dessen Schicksal völlig an das des Herrn gekettet. Der Gedankenkreis? Die geistige Nahrung? Alles dreht sich um das nackte Leben. Überschüsse werden nicht erzielt. Es geht nun bergab. Am Sonntag bekommt man höchstens beim Kirchgang einige Neuigkeiten zu hören, sei es von der Kanzel, sei es von seinesgleichen. Zeitungen, Schriften kennt man nicht in der bäuerlichen Gesellschaft. Am Abend, beim trüben Licht der Kerzen, werden „Döntjes" erzählt, Wahres und Gelogenes, Schauergeschichten und Märchen.

Jeder neue Tag bringt neue Sorgen. Denn man ist nicht nur Landmann im heutigen Sinne. Wo wäre ein Handwerker zu finden. Alles macht der Bauer selbst. Die meisten Geräte sind aus Holz – bis hinab zu den Holzpflöcken; denn Eisen ist ein kostbares Gut. Man zimmert selbst, man backt, man schlachtet, man baut, man dacht alles selbst.

Einen Schulunterricht für die Kinder gibt es kaum. Sie leben in Unkenntnis, in Unerfahrenheit bei schwerer körperlicher Arbeit. Und doch – bei allen Seuchen, bei aller Verelendung, bei großer Sterblichkeit, namentlich im Kindesalter, hält sich die Familie. Das harte Leben in und mit der Natur hat auch seine guten Seiten.

Peter Jacobsen, der im Jahre 1698 als ansässig in Wees, Kirchspiel Munkbrarup, genannt wird, stammt ohne Zweifel aus bäuerlichem Geschlecht. Laut Kirchenbücher Munkbrarup wird als Wohnsitz von Peter Jacobsen erstmalig Weesries 1698 genannt, wobei gesagt wird: *vorher Oxbüll.* Es ist also mit größter Wahrscheinlichkeit anzunehmen, dass er aus Oxbüll stammt und wohl auch dort geboren ist. Dem Brauch des damaligen Namenswechsels entsprechend, muss der Vater mit Vornamen Jacob geheißen haben. So wurde der Sohn immer nach dem Vornamen des Vaters mit der Abhängung der Silbe „sen" (Sohn) genannt (Jacobs Sohn). Erst durch eine königliche Verfügung vom 6.11.1771 wird dieser Wechsel des Stammesnamens verboten. Der Eintrag im Kirchenbuch von Munkbrarup[16] lautet:

Kirchenbuch der Kirchen zu Brarup

Von M. Christoph Jägern von Schlenditz Hoffprediger zu Glücksburgk. Im Jahr nach Christi Geburth 1655 und Ao 1668 in richtige Ordnung gebracht worden.
<u>*Das I. Capitel*</u> *von den Kirchen Eigenthum an Geld und Korn-Hebung und Ländereyen:*
1. An jährlichen Geld-Hebungen
Von Einem, oder solchen Kühen, die stets bey denen Gütern und Bools, der Kirche zum Besten, bleiben, und von denen Umbschrifft

---

[16] Schleswig-Holsteinisches Landesarchiv / LASH (früher: Preußisches Staatsarchiv), Kirchenrechnungen u. Erdbücher, Abschriften von Theodor Andresen, die ihm vom Lehrer i. R. H. N. Andresen, Flensburg, gebürtig aus Ringsberg, zur Verfügung gestellt wurden. Acta b XII, 2, Nr. 158.

Befehl haben dabey erhalten werden müssen. Solche Kühe aber hat Brarup Kirche in allen 49, und wird eine jede von dem Besitzer des Gutes oder Bools, auf welchem die Kuh stehet, jedes Jahr der Kirche verzinset mit 2 ß. und solche Kühe haben nachfolgend Verzeichnete ein jeder eine, als in

Ringsberg ... Kragholm ...

Oxbüll: Jacob Petersen, Hans Jensen, Philipp Hansen, Nota: Dieser hat 2 Kühe. Ulsdrup: Hans Asmussen d. ältere, Hans Asmussen d. jüngere, Hans Reffer, Hans Petersen u. H. Jacobsen, Andreas Rasch, Andres Hansen, Hans Petersen, Niss Rasch, Martin Petersen.

....

3. An Zehnden Korn Hebung

....

In Oxbüll synd Vier Bool, und gibt der Besitzer eines Bohls der Kirche, statt des Zehnten-Korns, jährlich 1V8ß. Die Nahmen der itzigen Besitzer, 1. Hans Hermannsen, 2. Jacob Petersen, 3. Hans Jensen, 4. Phillip Hansen.

4. An Ländereyen:

....

Hierbei ist auch zu wissen, dass Neun Katen im Kirchspiel gefunden werden, die bey den Hecks gebawet stehen, davon eine jede der Kirche 3ß Hausgebühr zu geben schuldig ist, und werden genennet wie folgt: 1. Kaar Agger 3ß – 2. Collund Burg gibt 4ß – 3. Süder Rande [Süder Ranmark] gibt 4ß – 4. Das Rothe Haus 3ß – 5. Süderskow [Süderholz] 3ß – 6. Eschensand 3ß – 7. Wees Ries 3ß – 8. Himmeris Hoy [Himmershoi] 3ß – 9. Werk Moos [Bülemoos] 3ß.

Von diesen Katen synd in der Krieges-zeit etliche abgebrandt und Bissher noch nicht wiederaufgebauet.

Nachträglich eingetragen: Wie sie allgemählich wieder aufgestellet und bewohnet werden, kann aus meinem Manuali von Jahren zu Jahren ersehen werden.

5. An Vieh-Zehnden

1. *Von dem Zehnden der Lämmer halben Theil. Die andere Hälfte bekommet der Pastor wie auch von den folgenden Stücken oder Vieh-Zehnden.*
2. *Von den Zehnden der Färkel, das halbe Theil...(werden beide Zehnte in Natura gegeben)...*
3. *Von den Zehnden der Füllen und Kälber bekommt die Kirche auch den halben Theil und ist der Zehnte von jedem Stück 6y, so jährlich an Gelde abgetragen wird.*

Das II. Capitel
(handelt zunächst von Kircheneigenthum an Gotts-Geräten, Glocken, Orgel etc...)
6. An Ständen und Stülen...
Nr. II-1. Hans Josten, 2. Jeb. Jebsen, 3. Hans, 4. Jacob Petersen...

Das III. Capitel
(enthält Abgaben an den Pastor an Ländereien – ferner „alle Jahre zur Zeit der Ernte von einem jeden ganzen Bool 6 Drag Korn [1 ½ Drag Roggen, 1 ½ Drag Gerste, 3 Drag Hafer, 4 Bünde Buchweizen] ferner Boolsleute wie Kätner: Butter u. Brot usw. usw.)

Nach dem Erdbuch des Glücksburger Lehens von 1685[17] betrugen die Abgaben wie folgt:

Stehende Hebungen
Hier wird unter Ulstrup ein Christen Rasch genannt mit ½ Bohl (sonst kein Christian).
Wehss [Wees] und Oxbüll Kätener

Jacob Petersen	*4 Rth 12ß*
Peter Koch	*2 Rth 16ß*

....
(die größte Hebung: 4 Rth 24ß)

---

[17] Preußisches Staatsarchiv (LASH) C XII 3 Nr. 181, Erdbuch des Glücksburger Lehen 1685

Summa Neun Köteners und zwey wüsten Kahlenstedte geben an Geldt Jährl: in allen 27 Rthl 8ß.

Aus vorstehenden Angaben lässt sich annehmen, dass der Vater von Peter Jacobsen, geb. 1662, Boolsbesitzer[18] war. Es handelt sich wohl um Jacob Petersen aus Oxbüll, denn ein zweiter Vorname Jacob findet sich nicht. Ob es sich bei dem Erdbuch 1685 um denselben J. P. handelt ist fraglich, denn hier wird von einem Kätner gesprochen. Vielleicht ist dieser Jacob Petersen identisch mit Peter Jacobsen, der ja vor 1698 in Oxbüll ansässig gewesen sein soll, wie die Kirchenbücher besagen. Wahrscheinlicher jedoch die Erklärung, dass Jacob Petersen als Besitznachfolger einen Jens Koch hatte, denn die vier Boolsbesitzer in Oxbüll heißen:

1655, 1668	*1685*
Hans Hermannsen	*Hans Hermannsen*
Hans Jensen	*Hans Jensen*
Jacob Petersen	*Jens Koch*
Phillip Hansen	*Phillip Hansen*

Vielleicht lässt sich somit erklären, dass Jacob Petersen den Boolsbesitz in Oxbüll verkauft und als Kätner nach Weesries (welches zu Wees gehört) gegangen ist. Das wäre also zwischen 1668 und 1685 geschehen (vgl. Kirchenbucheintragung von seinem Sohn Peter Jacobsen). Den Ausführungen ist ferner im Einzelnen weiter zu entnehmen, wie hoch und welcher Art die Lasten Boolsbesitzers bzw. Kätners in Bezug auf Abgaben an Landesherren, Kirche u. Geistlichkeit zu damaliger Zeit waren.

---

[18] Boolsmann ist eine typische Bezeichnung für Schleswig, dieser entspricht einem Hufner.

Peter Jacobsens Frau Magdalene ist dementsprechend auch die Tochter eines Peters aus Oxbüll. Über sie lässt sich nur feststellen: *Peters Tochter aus Oxbüll.* Unter den Boolsbesitzern befindet sich in damaliger Zeit keiner mit Namen Peter. Im ev.-luth. Kirchenbuchamt in Sörup habe ich am 11.10.1938 laut Kirchenbuch Munkbrarup folgendes festgestellt:

Dem Peter Jacobsen, Oxbüll, später Weesries,
wurden nachstehende Kinder geboren:
1. *Jacob Petersen in Oxbüll geb. 20.7.1689, Vater Peter Jacobsen*
2. *Peter Petersen in Oxbüll, geb. 2.7.1690, Vater Peter Jacobsen*
3. *Agnes Hedwig Peters in Oxbüll, geb. 25.3.1692, Vater Peter Jacobsen*
4. *Hans Petersen in Oxbüll, geb. 6.9.1695, Vater Peter Jaocobsen*
5. *Christian Petersen in Wees-Rieß, geb. 8.8.1698, Vater Peter Jacobsen*
6. *Marie Peters in Wees-Rieß, geb. 27.5.1701 – gest. 13.6.1701, Vater Peter Jacobsen*
7. *Andres Petersen in Wees-Rieß, geb. 4.7.1702, Vater Peter Jacobsen [Vorfahr der Familie Andresen]*
8. *Erich Petersen in Wees-Rieß, geb. 5.5.1704 – gest. 2.6.1704, Vater Peter Jacobsen*

In Weesries, einem Katenausbau von Wees, werden damals nur wenige Hütten gelegen haben. Vermutlich ist dieser Vorfahr also Kätner gewesen, Hintersasse eines Weeser Bauern. Er ist als solcher diesem Bauern dienstpflichtig gewesen.

Wenn es heißt, dass er vorher in Oxbüll – ebenfalls Kirchengemeinde Munkbrarup – lebte, so lässt das vermuten, dass sein Vater dort vielleicht Kätner gewesen ist. Peter Jacobsens Frau Magdalene ist dementsprechend auch die Tochter eines Peters aus Oxbüll. Laut des Trauregisters im Kirchenbuch Munkbrarup lautet die Eintragung: *Copuliert am 28. Octobris 1688 Dominica 20 p. Trinitatis Peter Jacobsen und Magdalene, Peters Tochter in Oxbüll.*

Als Peter Jacobsen 1662 geboren wurde amtiert in Munkbrarup als Geistlicher jener Pastor M. Nicolaus Moth (1624–1668), welcher Begründer einer Pastorenfamilie ist, die 200 Jahre das Amt eines Geistlichen im gleichen Kirchspiel bekleidet. 1662 auch erhält die Kirche in Munkbrarup erstmals eine Orgel. Wir haben uns ferner vorzustellen, dass die heute stehende Kirche genau das gleiche Aussehen zeigt wie zu der Zeit des Peter Jacobsen.[19] In diesem geweihten Raum, den wir Nachfahren heute noch betreten, hat er die Taufe empfangen. Die gleiche Glocke, die heute noch oben im Gestühl hängt und die aus dem Rüde-Kloster stammt, läutete im Jahre 1724 über seinem Grabe.

Die vorstehende Schilderung der allgemeinen Zustände jener Tage vergegenwärtigt uns die Zeit, in welcher mein Stammvater und seine Familie ihr Leben fristeten; denn es wird nach unseren heutigen Begriffen ein Tristes gewesen sein.

Aus dem Dunkel der Vergangenheit sehe ich die Gestalt dieses Menschen hervortauchen; in schwachem Unwissen scheint er, ein mittelgroßer, hagerer Mann da zu stehen. Ist die Haltung nicht ein wenig gebückt? Und das Antlitz? Ja – ich sehe es

und je länger ich sinne, je deutlicher erkenne ich die Züge, dieses nach oben sich breitende Gesicht mit dem ungepflegten Voll- und Schnurbart, mit den eingefallenen Wangen, mit dem scharf geschnittenen Mund; mit diesen starken, schattigen Augenbrauen und tief liegenden Augen – den graublauen – mit dieser scharf und knochig gezeichneten Nase, die sich in 2/3 Höhe ein ganz, ganz wenig hakenartig krümmt. Eine Pelzmütze hat er tief in die Stirn gezogen. Ich sehe ihn im Geiste – wie er aus seiner armseligen Hütte tritt, wie er mit verbissener

---

[19] Gemeint ist vor der Renovierung.

Miene, mit schwerem, langen Schritt in den plumpen Holz-schuhen durch den tiefen Dreck der Straße stapft, wie ein Windstoß daher fegt, einige vergilbte Blätter des Herbstes um ihn wirbelt – die weil ein kleiner Knabe von 6/7 Jahren ihm nachgerannt kommt, sich an seine Hand hängt, ihn bittend an-schaut: „nimm mich mit." Die ernste Miene des Vaters leuchtet ein wenig auf. Ja – er nimmt ihn mit.

Als Peter Jacobsen 1724 stirbt, ist seit drei Jahren der Nordi-sche Krieg beendet. Fast 100 Jahre herrscht nun im Lande der Friede. Das 18. Jahrhundert zeigt daher auch ein wesentlich an-deres Antlitz. In wirtschaftlicher wie in sozialer Beziehung werden gegenüber dem vorhergehenden Jahrhundert bedeu-tende Fortschritte gemacht.

So könnte die Kate des Peter Jacobsen ausgesehen haben

Fast 100 Jahre herrscht nun im Lande der Friede. Das 18. Jahrhundert zeigt daher auch ein wesentlich anderes Antlitz. In wirtschaftlicher wie in sozialer Beziehung werden gegenüber dem vorhergehenden Jahrhundert bedeutende Fortschritte ge-macht.

Das Land ist jetzt völlig unter dänischer Oberhoheit, wenn auch die Herzöge von Glücksburg bis 1779 im Kirchspiel Munkbrarup direkte Oberhoheit über ihre Untertanen ausüben. Phillip Ernst, welcher in der Zeit von 1673–1729 noch völlig nach den Grundsätzen seiner Vorgänger wirtschaftete, indem er die Erweiterung seines Besitzes betrieb, wird abgelöst von Herzog Friedrich, der bis 1766 regiert. Mit ihm beginnt der territoriale und grundherrliche Rückschritt, beginnen die Parzellierungen, mit anderen Worten, die Wiedererrichtung von Hufen, die früher niedergelegt worden waren.

Munkbrarup-Kirche.

Feldmark bei Ulstrup

Das alles hängt zusammen mit der Gesamtentwicklung. Der Adel hatte zur Erweiterung seiner Besitztümer und zu ihrer rationellen Bewirtschaftung Meierhöfe unter der Verwaltung Holländern geschaffen. Der Bauer lernt hieraus. Auch er beginnt, seinen Besitz rationeller zu bewirtschaften. Er sieht vor allen Dingen ein, dass die Flurgemeinschaft der fortschrittlichen Bewegung hemmend entgegensteht. Darum fort damit. So wird in diese uralte Bewirtschaftungsform erstmalig Bresche gelegt. Natürlich, es vollzieht sich das alles langsam, auch mit Schwierigkeiten; nicht nur sind Widerstände untereinander zu überwinden, auch die Obrigkeit will anfangs nichts von dieser unerhörten Neuerung wissen. Sie weiß wohl, woran sie ist. Die Widerstände untereinander werden verursacht dadurch, dass man sich bei der Verkoppelung zumeist nicht einig wird, denn das Land ist ja nicht überall gleichwertig. Wir dürfen uns also nicht darüber hinwegtäuschen, dass in der 1. Hälfte des 18. Jahrhunderts die Änderung der bäuerlichen Wirtschaftsweise noch keine großen Erfolge zu verzeichnen hat. Wir haben uns auch vorzustellen, dass im Großen und Ganzen die Lebensweise des schwer um seine Existenz ringenden bedürfnislosen Kleinbauern wie Kätners nach wie vor kärglich ist.

Auch die sozialen Bestrebungen wie geistigen Lehren sickern langsam durch. Es ist das Jahrhundert der Aufklärung, des Pietismus. Doch fällt die Ausbreitung der neuen Lehren wesentlich in die 2. Hälfte des 18. Jahrhunderts.

Zusammenfassend kann also nur gesagt werden, dass etwa bis 1750 erst ein allmählicher Fortschritt in Allem sich bemerkbar macht, dass die Nachwirkungen der großen Kriege noch zu stark sind, so dass sich der Lebensstandard der bäuerlichen Kreise noch in engen Grenzen hält. Die Nahrung hat ebenfalls keine wesentliche Änderung gegenüber dem ausgehenden 17. Jahrhundert gefunden. Bei der Kleidung ist es ähnlich. In Bezug auf die allgemeinen Verhältnisse scheint es besser geworden zu sein. Die Menschen haben nicht mehr das Beispiel des Krieges, der umherziehenden Söldnerscharen vor Augen. Der strenge, belehrende Einfluss der Geistlichkeit, die erwachende Einsicht, dass die Hebung der Moral nur für das eigene wie für das allgemeine Wohl dienlich sein kann, lässt die Menschen zuchtvoller werden.[20]

Die Jahre von 1720 bis 1750 dürfen wir in dieser Hinsicht besonders hoch werten. Die Waage schlägt über. Wenn auf der einen Seite der Krieg mit seiner Verrohung und Verelendung einen unglücklichen Zustand darstellt, so ist es auf der anderen Seite bei wachsendem Wohlstand die Verfeinerung der Sitten und in ihrem Gefolge die Übersättigung bis hinab zur Völlerei. Was in der Mitte liegt, mag der edelste Zustand sein. Er lässt sich in jene Zeitspanne einfügen.

Andres Petersen, ein Sohn von Peter Jacobsen, wird am 4.7.1702 geboren, das bedeutet, nach einer fast 14jährigen Ehe

---

[20] Das müsste einmal näher untersucht werden. Mir ist unklar, woher Theodor Andresen diese Vermutung hat.

der Eltern. Er wird kaum das erste Kind gewesen sein. Das Anwesen seines Vaters hat er dann auch nicht übernommen, sondern heiratet am 27.7.1730 Kristine, *Christians Tochter*, in Ulstrup. Laut Kirchenbuch Munkbrarup (Trauerregister) lautet die Eintragung der Eheschließung: *Capuliert 1730–27 Juli als Donnerstags p.D. Tin. VII Andres Petersen – Kristine Christians in Ulstrup.* Vermutlich ist sie eine geborene Rasch.[21]

Es wird wohl eine Einheirat in eine Hufe gewesen sein, denn Andres Petersen wird nun als Hufner in Ulstrup (ebenfalls im Kirchspiel Munkbrarup gelegen) bezeichnet. Damit wäre also unsere Familie vermutlich erstmalig in den Bauernstand getreten. Ob es sich hier um den freien Bauern oder um einen gebundenen Festehufner handelt, ist nicht zu sagen. Die Ehe hat nur neun Jahre gedauert; denn schon am 23.9.1739 stirbt Andres Petersen in einem Alter von 37 Jahren. Die Todesursache ist unbekannt. Man berichtet, dass in jener Zeit (im Jahre 1718 soll es am schlimmsten gewesen sein) in Ulstrup eine große Zahl von Todesfällen durch die sogenannte Kriebelkrankheit, die durch Vergiftung mit Mutterkorn verursacht wird, eingetreten sei. Ulstrup, lieblich in einer Talsenkung gelegen, hatte damals einen Bestand von 7 Bauernstellen, der sich heute nicht wesentlich verändert hat.

Hervorzuheben ist, dass mit diesem Andres Petersen zum ersten Male der Name Andres auftaucht. Durch ihn wird unser Familienname gegeben. Denn der Sohn des Andres heißt folgerichtig Andresen und seither ist dieser Name als Familienname beibehalten. Frau Kristine, *Christians Tochter*, soll nach dem Tode ihres Mannes Andres Petersen noch zweimal wieder verheiratet gewesen sein.

---

[21] Siehe hierzu das Erdbuch von 1685 (Stehende Hebungen) – Abschrift neben Seite 10 dieses Buches. Unter Ulstrup wird man nun 1. Bohlsbesitzer mit dem Vornamen Christian genannt und dieser heißt Rasch.

Aus dem Kirchenbuch Munkbrarup habe ich folgende Kinder von Andres Petersen festgestellt:

1. Peter Andresen in Ulstrup, geb. 7.1.1732, Vater Andres Petersen
2. Christian Andresen in Ulstrup, geb. 12.4.1734, Vater Andres Petersen
3. Mergreth Andresen in Ulstrup, geb. 6.6.1739, Vater Andres Petersen

am Dorfteich in Wees

PETER ANDRESEN
1759 – 1846

In der Mitte und zweiten Hälfte des 18. Jahrhunderts greifen die neuen Agrarreformen mächtig um sich.[22] Die Aufhebung der Feldgemeinschaft ist in vollem Gange. Man kann in diesen Jahren der völligen Konstituierung des Privateigentums an Haus und Feld von einer Verdoppelung des Bauernstandes hierzulande sprechen. Hierdurch vergrößern sich die Dörfer bei gleichzeitig häufigem Besitzwechsel. Wir können uns schwer einen Begriff von diesen einschneidenden Veränderungen machen. Naturgemäß verursacht das zeitweise einen Zustand der Unruhe, der sich in eben jenem vielfachen Besitzwechsel äußert. Hinzu kommt dann die Umwälzung auf dem Gebiet der Ackerkultur.

In Glücksburg lebt jener Propst Lüders, der durch seine Lehren einen so bedeutsamen Einfluss in die Bebauung und Bewirtschaftung des Feldes nah und fern ausübt. Nutzt euer Land, predigt er, baut Kartoffeln, diese neue Frucht, die so genügsam ist und doch ein gutes Nahrungsmittel abgibt. Er spricht für den Kleeanbau, er weist in jeder Hinsicht den Bauern darauf hin, zu denken, ehe er an sein Tagewerk geht. Er ist ein rechter Zeitgenosse der Aufklärung, des Rationalismus.

---

[22] Über die Geschichte der Weeser Hufe hat Theodor Andresen eine eigene Schrift hinterlassen: Theodor Andresen, Aus der Geschichte eines Bauernhofes und seiner Bewohner (Flensburg 1937). Neu hrsg. von Dirk Meier (2010). Siehe auch: Theodor Andresen u. Dirk Meier, Aus der Geschichte eines Bauernhofes und seiner Bewohner in Wees von 1759 bis 1875, 2016, 119-122; Dirk Meier, Zur Lage der Landbevölkerung im Herzogtum Glücksburg (Flensburg 1979); Dirk Meier, Schleswig-Holstein. Eine Landschaftsgeschichte (Heide 2019), 164-168.

Man erreicht mit der Zeit, dass sich der Viehbestand verdoppelt. Die Schweine, die bis dahin im Felde, ganz besonders im Walde genährt werden, hält man jetzt nach Möglichkeit am Hause. Man mästet sie aus der Milchwirtschaft. So fügt sich eins ins andere. Was Wunder, dass der Bauer selbst Mut schöpft. Er sieht das, wenn man nur richtig anpackt, der Schöpfer zur Seite steht. Die Rückläufigkeit des Guts- und Herrenwesens, die Aufhebung der Leibeigenschaft erleichtert auch nach dieser Seite sein Los. Schwere Gutlasten werden durch eine Geldheuer abgelöst, die Hand- und Spanndienste verlieren ihren unerträglichen Druck. Trotz der Aufhebung der Feldgemeinschaft – oder sagen wir's richtiger: gerade darum wird der Landmann auf den Wert sozialer Einrichtungen aufmerksam gemacht. Es kommt darauf an, jetzt, wo man wirtschaftlich ganz auf sich selbst gestellt ist, nicht die Beziehung zur Gemeinschaft zu verlieren. Dem Bestreben, gerade jetzt zusammenzuhalten, entsprechen manche Neueinrichtungen. Es seien hier die Brandgilden erwähnt. Die vergangenen Jahrhunderte hatten in dieser Hinsicht so gut wie nichts unternommen. Die leicht brennbaren Häuser mussten nach einer Feuersbrunst mühsam, unter fast hilflosen Einsatz des Betroffenen wiedererrichtet werden. Jetzt versucht man zum ersten Male, sich gegenseitig zu schützen.

Im Schulwesen wird mit größerem Nachdruck die Pflicht des Schulbesuchs betrieben. In dieser wie auch in anderen fortschrittlichen Hinsichten sind die drakonischen Verordnungen des dänisch gebürtigen Diktators Struensee in Kopenhagen von großer Bedeutung. Noch ist angeldänisch die Mundart des Volkes.[23] Struensee fordert, dass die Kinder im Hochdeutschen

---

[23] Johann Friedrich Struensee (1737–1772) war ein deutscher Arzt und Aufklärer, der über ein Jahr lang de facto auch dänischer Regent war. König Chrisitan VII. adelte ihn. Mit seinen Reformen macht er sich jedoch unbeliebt, wurde 1772 festgenommen. Der König wurde zur Unterschrift des

unterrichtet werden, wodurch die Verdeutschung in Angeln ihren Anfang nimmt. Schon Ende des Jahrhunderts beginnen die Eltern mit den Kindern plattdeutsch zu sprechen, damit diese leichter den Katechismus verstünden.

Also die Kirche mit ihren Glaubenslehren übt nach wie vor ihren beherrschenden Einfluss auf die Bevölkerung aus. Es ist die Zeit des auf seiner Machthöhe stehenden Pietismus. Auch diesen müssen wir ganz aus seiner Zeit verstehen, um seinen segenbringenden Einfluss zu werten. Der zur innersten aufrichtigen Frömmigkeit anregende Pietismus – ist nicht die Oxfordbewegung unserer Tage etwas Ähnliches?[24] – gibt sich durchaus nicht weltfremd. Er fügt sich in zeitentsprechender Art durchaus zu den Lehren des Rationalismus, der Aufklärung. Erinnert sei hier an das praktische Wirken der pietistischen Herrnhuter Brüdergemeinde, die auch in unserem Lande Fuß fasst (Christiansfeld).[25] Hören wir von der Art, wie Gottesdienste in jenen Tagen abgehalten werden, so darf es nicht Wunder nehmen, wenn Predigtthemen zu Grunde gelegt werden, über die wir gar zu leicht lächeln möchten. Etwa: Wie muss man den Kartoffelanbau betreiben.

Es ist die Zeit des Aufstiegs – weil des Friedens, des Fortschritts in wirtschaftlichen Dingen wie in Dingen geistiger Qualitäten. Es ist ganz besonders die Zeit eines gesunden Aufstiegs, weil die Lebensweise aus der Lehre der Vergangenheit heraus noch spartanisch einfach ist. Noch lebt man zur Haupt-

---

Haftbefehls genötigt. Struensee wurde zum Tode verurteilt und hingerichtet.

[24] Mit der Oxfordbewegung entstand in der Anglikanischen Kirche um 1830 der Versuch, katholische Prinzipien und frühkirchliche Orientierungen einzuführen.

[25] Dirk Meier, Menschen in Bewegung (Heide 2017) 140-141.

sache vom selbstgebackenen Roggenbrot, dem selbstgeräucherten Speck, der Buchweizengrütze aus eigener Ernte – und ein Neues, der Kartoffel.

Im Jahre 1779 stirbt mit dem Herzog Friedrich Heinrich Wilhelm der Letzte seiner Linie auf Glücksburg. Damit wird auch das Kirchspiel Munkbrarup dem Gesamtstaate Dänemark, damals regiert von König Christian VII., einverleibt. Wohl lebt noch die Witwe des Verstorbenen, Anna Carolina, eine lange Reihe von Jahren auf dem Schloss, aber eine regierende Tätigkeit übt sie nicht mehr aus. Durch ihr soziales Wirken gewinnt ihr Name einen guten Klang. Hochbetagt stirbt sie erst im Jahre 1824.

Peter Andresen, der Stammvater unseres Familiennamens war am 7.1.1732 in Ulstrup, Kirchspiel Munkbrarup, als Sohn des Hufners Andres Petersen und seiner Frau Kristine, *Christans Tochter* geboren worden. Geschwister hatte er offenbar nur zwei, und zwar einen Bruder Christian, geb. 12.4.1734, und eine Schwester Magreth, geb. 6.6.1739. Der Vater starb bereits 1739 im Alter von 37 Jahren.

Sein Sohn Jens Jacob wird im Jahre 1777 geboren, also nach jener königlichen Verordnung von 1771, wonach es untersagt ist, den Familiennamen in alter Weise jeweilig zu ändern. Er – Peter Andresen – ist wahrscheinlich das älteste Kind der Eltern, da er nach 11/2-jähriger Ehe geboren wird. Warum er als solcher nicht den väterlichen Hof in Ulstrup übernimmt, ist unklar. Vielleicht mögen sich hier Einflüsse der Mutter bemerkbar machen; denn der Vater stirbt schon als der Junge erst 7 ½ Jahre alt ist. Die Mutter verheiratet sich bald wieder und vielleicht mögen Kinder aus anderer Ehe das Erbe ihres leiblichen Vaters angetreten sein.

Durch Einheirat kommt Peter Andresen nach Wees. Er verehelicht sich hier am 2.8.1759 mit einer Witwe, der Maria Sophia, geb. Jensen, verwittete Petersen. Sie war am 10.1.1739 in Wees als Tochter des Rademachers Jens Jensen (auch Lorenzen und Hjuler) und seiner Frau Maria geboren worden und hatte sich mit dem Hufner Franz Petersen in Wees früh verehelicht. Aus dieser Ehe wurde mit Christina Margaretha eine Tochter geboren. Schon nach kurzer Zeit starb Franz Petersen, und die 20-jährige Witwe heiratete bald darauf den 27jährigen Peter Andresen.

Ich darf mit gutem Grunde annehmen, dass er der erste Besitzer unserer Familie ist, durch den die Weeser Hufe in die Hände der Andresens kam, 117 Jahre ist sie es geblieben. Er trat nun in die Rechte seines Vorwesers ein, ungeachtet dessen, dass Franz Petersen eine Tochter hinterließ. Jene Verordnung von 1766, nach welcher diese voll erbberechtigt gewesen wäre, bestand noch nicht, andernfalls hätte Peter Andresen kaum das Erbe antreten können.

Bei diesem Bauernhof handelt es sich um eine Festehufe, die noch den Herzögen von Glücksburg pflichtig war. Noch Jens Jacob Andresen, der Sohn Peters, soll der herzoglichen Verwaltung Hand- und Spanndienste geleistet haben und zwar soll es sich um die Verstärkung des Dammes gehandelt haben, der heute noch dem Glücksburger Schlosssee aufstaut. Die Lage dieser Hufe ist leicht zu bestimmen. Kommt man von dem Bahnhof Wees die Straße nach dem Dorf hinab, ist es der erste größere Landbesitz zur linken Seite. Heute macht er sich nicht eben schön. Doch davon später.

Ich darf auch ohne große Bedenken die Anschauung vertreten, dass Peter Andresen das Bauernhaus neu errichtet hat. Im Jahre 1855 wurden die „alten und verfallenen" Gebäude von meinem Großvater, dem Enkel jenes Peters, niedergerissen, um durch ein reetgedecktes und in den Mauern völlig aus roten Ziegelsteinen gebautes Haus ersetzt zu werden. Jene alten Gebäude aber waren im Fachwerk erbaut, die Füllungen aus Ziegelsteinen. Eine solche Bauart kann aber nicht älter sein als aus der Mitte des 18. Jahrhunderts. Erst damals begann der Bauer Ziegelsteine zu verwenden, natürlich noch, weil es sehr teuer war, in Verbindung mit dieser Balkenkonstruktion. Vor der Zeit waren die Bauernhäuser weit primitiver errichtet: entweder die Mauer völlig aus Holzbohlen oder aus Flechtwerk mit Lehm, dieses wiederum in Verbindung mit Fachwerk. So komme ich zu dem Schluss, dass Peter Andresen der Erneuerer des Weeser Hufengebäudes gewesen. Noch ist es das alte Angler Bauernhaus des 18. Jahrhunderts, bei welchem die Scheunen noch nicht von dem Wohnhause abgesondert sind. Dieses Haus birgt Mensch und Vieh unter einem Dach, wenn auch im Gegensatz zum Niedersachsenhaus die Trennung beider scharf gewahrt ist.

Es mag wohl, im Ganzen gesehen, eine glückhafte, weil fruchtbringende arbeitsreiche Zeit gewesen sein, in der dieser Vorfahr gelebt und gewirkt. Wohl ist auch seine Gestalt für mich noch völlig ins Dunkel der Unkenntnis gehüllt, dennoch scheint sie mir in recht deutlichen Formen vor dem Geiste aufzutauchen.

Ich sehe sie an einem stillen, sonnigen Sonntagmorgen im Frühsommer. Er soll zur Kirche gehen. Für die Frau ist es der erste Kirchgang nach der Geburt des Sohnes. Der beste Arbeitsein Leiterwagen - ist aus dem „Lo" herausgezogen, von allem Unrat der arbeitsreichen Woche gereinigt, der gut genährte „Braune" davor gespannt. Der Herr, der alles eigenhändig besorgt, auch den Stuhl auf den Wagen heruntergelassen – denn er hat sonst seinen Platz unter dem Gebälk im Lo – hat sich soeben gezogen.

So steht er da, die Peitsche in der Hand, neben seinem Gefährt. Er wartet auf die Hausfrau, die sich wohl drinnen noch putzt. Er wartet geruhsam. Ja, es ist das Warten eines Menschen, der solche untätigen Minuten in seinem Leben nur ganz selten kostet – der darum auch nicht ungeduldig wird, denn er genießt innerlich diese kurze Spanne des feierlichen Augenblicks. Da steht er, dieser gesunde, gerade Mann von mittlerer Größe und Breite.

Er schaut über sein Haus, das Werk seines Fleißes, seiner Hände. Sein Blick schweift über die Schrägung des hohen Reetdaches. Eine feine, bläulich schimmernde Rauchfahne zieht aus dem Schornstein, der genau aus der Mitte der langen Reihe von Hängehölzern des Dachfirstes ragt. Über dem Ostgiebel ist ein Storchennest geflochten. Soeben lässt sich der Meister Langbein nieder, schlägt mit den Flügeln, legt Hals und Kopf zurück und beginnt jenes lustige Klappern, das meist über Dorf und Feldmark dringt.

Nun kommt sie eiligen Schrittes aus der Haustür, die kleine, rundliche Frau. Eine Fülle von Kleidern hat sie sich zu diesem hoch wichtigen Tage angelegt. Die lange Reihe der silbernen Knöpfe, die sich im schönen Schwunge von der Halskrause über den vollen Busen hinabzieht zur Hüfthöhe glänzt blinkend im Strahl der Morgensonne auf. Ihr rundes, jugendliches Gesicht ist von einem frischen, natürlichen Rot übergossen. Es liegt eine Art Entschuldigung in den Worten, die sie an ihren Mann richtet: „Barn vil god saun. Men nu kann vi godt kø."[26]

Und schon ist ihr Peter mit kräftigen Fäusten behilflich, über Achse und Felge des Wagens den Stuhl zu besteigen. Nun hat er seinen Platz an ihrer Seite eingenommen, ein leiser Zug am Zügel, über den breiten Rücken des „Braunen" wippt und streicht die Peitsche, gemächlich geht es über den grasbewachsenen Hofplatz, die Dorfstraße entlang nach Oxbüll zu. Als sie die lange Straße zwischen Oxbüll und Munkbrarup erreicht, klingt über das Autal ein feiner Glockenton. Das alte Kirchlein auf der Höhe ladet zur Andacht.

„Hü!" treibt der Bauer Peter Andresen den faulen Braunen an „Ae Prøst venter ut!"[27]

---

[26] In dieser Zeit wurde in Angeln noch Plattdänisch (Sønderjysk) gesprochen. Sinngemäß: „Die Kinder schlafen gut, so können wir es gut machen."
[27] Sinngemäß: „Pröst wartet draußen."

Peter Andresen

Die auf der Flurkarte von Wees, Kirchspiel Munkbrarup/Angeln, kartierte Festehufe Nr. 100 (heute am Winkel zwischen Dorfstraße und Kaschestraße) kam somit 1759 durch Einheirat in den Besitz von Peter Andresen.[28] So heißt es im Festeregister des Kirchspiels Munkbrarup, dass Peter Andresen im Dorfe Wees am 25.6.1759 die Hufe mit *1 Bohl gibt 10 r* (Ruten) *24 Schill.* festet.[29]

---

[28] Andresen, Familie Andresen Bd. 2, 1936; Geschichte eines Bauernhofes 1937.

[29] Preußisches Staatsarchiv, Akte C XIII 1, Nr. 167. (heute: Schleswig-Holsteinisches Landesarchiv, Schleswig)

Im Erdbuch des Glücksburger Lehn 1756[30] steht:

Notandum:

1. *Die Erd-Gefälle sind jedesmal um Weihnachten fällig, oder es ist expresse ein anderes ausgeführt.*
2. *Die Gänse werden in Natura geliefert oder jedes Stück mit 12ß bezahlt.*

unter:

Lfd. No. *Weese*	*d. Cronen*		*Courant*	
	Rthl	*ß*	*Rthl*	*ß*
41. *Frantz Petersen – incl. 1½ Gänse*	18	-	9	47

Für Wees werden also 8 Hufen aufgeführt – 6, u 2/2. Fr. Petersen gilt für 1/1 Hufe.

Notandum:

Von obbemeldten Weeser und Oxbüller Bohlen müssen jährlich 3 gantze und 2 halbe alternative auf dem Meyer-Hoff am Saltzen Wasser dienen, dafür einen jeden das halbe Dienst Geld vergütet wird, und also für solche 4 Bohlen decoutieren......d. Cronen 36 Rthl.

Unter		
Lfd. No.	*Ulstrup*	
66	*Hans Andresen, sollte geben 9 M. d.b und 4 M. 47 ½ ß cour. decourtiret wegen des Dienstes bei der Waade – 9 du.b zahlet also baar incl. ¾ Gans Court. 4 Rthl. 47 ½ ß bis 73 ... 6/1 u 3/2 Hufen.*	

---

[30] Preuß. Staatsarchiv Kiel Acte C XII 3, Nr. 181a (heute: Schleswig-Holsteinisches Landesarchiv, Schleswig)

Die aus dem Glücksburg-Anglischen Lehn dreymal
im Jahr, nemlich Mense, Febr., Jun. et Sept. aufkom-
mende <u>Contributiones </u>betragen jedesmal folgendes:

unter - Weese -	d. Cronen	Courant
<u>Franz Petersen</u>	2 Rthl.	2 Rthl.
Unter Ulstrup		
Hans Andresen	1 "	1 "

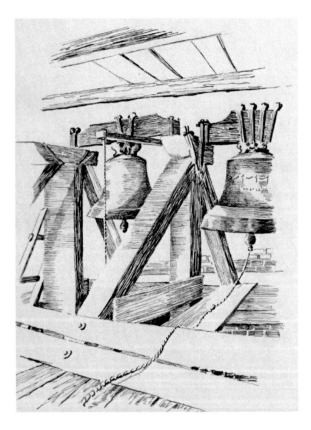

Der Glockenstuhl in Munkbrarup

Erdbuch
des Glücksburger Lehen[31]
1779

Contribution pro Febr., Juni, Sept.

Weese

Peter Andresen   2 Rthl. d. Cronen, 2 Rthl. Cour.

Ulstrup
   Hans Andresen   1 Rthl. D Cronen, 1 Rthl. Cour.
   Veränderliche Abgiften pro Weyhnachten
Weese
   Peter Andresen incl. 1½ Gänse 18 Rthl d. Cronen
                              9 Rthl 47ß Cour.
Ulstrup
   Hans Andresen incl. ¾ Gänse   9 Rthl d. Cronen
                                      9 Rthl 47 ½ ß Cour.

Veränderliche Abgiften pro Weyhnachten
Weese
   Peter Andresen incl. 1½ Gänse, 18 Rthl. d. Cronen
                              9 Rthl. 47 ß Cour.

Notandum [abgekürzt]: Die Gänse in Natura zu liefern oder jedes Stück 12ß. – Auf dem Vorwerk [Wirtschaftshof der Glücksburger Herzöge] 1 Tag Miss fahren, 2 Tage pflügen, 2 Tage Gras mähen, 1 Tag Korn, Dienste auf dem Meyerhof verrichten. Dienste von Ulstruper Bohlen bei der Waade. – Jede Bohle liefert jährlich 1 Drag Deck-Stroh – 6 Hühner, ½ Stieg Eier, jährl. 1 Tag im Garten graben, 4

---

[31] Preußisches Staatsarchiv (LASH) Akte b XII 3 Nr. 182

Faden Holz hauen u. in Stappel setzen – Für Wild in harten Wintern
1, 2 auch 3 Male 1 Bund Heu liefern. 1/1 Bohle jährl 4 Tonnen Hafer
liefern, ½ Bohle 2 Tonnen.

Munck Braruper Kirchen-Rechnungsbuch
für die Jahre 1780-1788[32]

Wees
   Peter Andresen (später gestrichen)
   Hans Erichsen   *1 Mark 10 ß*
Ulstrup
   Hans Andresen   *13 ß*

Feste-Register
über das Kirchspiel Munkbrarup[33]

1780.

Im Dorfe Weese./ Qualität eines jeden /   *Datum des*
          Feste Ländereien   *Feste Briefes*

   1.   Peter Andresen / 1 Bohl gibt 10 r 24ß / 25.6.1759

Aus vorstehenden Auszügen geht folgendes hervor:

1. Nach dem Erdbuch von 1756 ist Franz Petersen der Vorbe-
   sitzer der Weeser Hufe (siehe Schuld u. Pfandprotokoll).
2. Hans Andresen, Ulstrup, ist offensichtlich der Bruder von
   Peter Andresen. Er scheint also die Hufe des Vaters Andres
   Petersen in Ulstrup angetreten zu haben (gefestet
   20.11.1754), 15 Jahre nach dem Tode des Vaters.

---

[32] Acte b XII 2 Nr. 159
[33] Preußisches Staatsarchiv (Landesarchiv Schleswig-Holstein) Akte CXX 1,
Nr. 167

3. Feste Register 1780: Nach Peter Andresens Tod 1784 ist die Weeser Hufe noch von Hans Erichsen, dem 2. Mann seiner Frau, 1785 gefestet worden. Denn nun festet Franz Petersen, der Sohn Peter Andresens, die Hufe 1790 (siehe Schuld- und Pfandprotokoll).
4. Feste Register 1780: Nachfolger von Hans Andresen, Ulstrup, sein Sohn Christian Hansen (festet 15.1.1799). Darauf wird die Hufe 1828 an einen Claus Lundt verkauft, der sie mit Chr. Hansens ½ Hufe zu 1/1 Hufe vereinigt.
5. Einen interessanten Einblick gewähren die Abgaben etc.

1782 werden für Wees 7 Hufen erwähnt, wovon die meisten am Rande von Wiesen in Streulage um das Moor lagen. Nach einer ersten Vermessung 1707 war die 1782 begonnene Feldaufteilung bereits im nächsten Jahr abgeschlossen.

Knicklandschaft bei Husby in Angeln.
Aquarell von Theodor Andresen

Dorfanlage von Wees 1781 mit Besitz von Peter Andresen (Nr. 100)
Quelle: Landesarchiv Schleswig-Holstein. Abt. 402 A 4, Nr. 301.

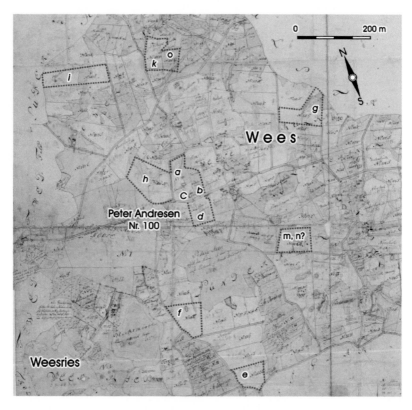

Ausschnitt der Flurkarte von Wees 1781 mit Ländereien des Hufners Peter Andresen (Erdbuch Nr. 100), soweit zuweisbar: a) Gamellück; b) Halbolslück; c) Baustelle und Hof; d) Sönderlück; e) Rewgrau in Söndermarck (nicht identifiziert); f) Westen Praestens Moor (=Neddermoor) daselbst; g) Kulck; h) Taut; j) in Kowel; k) Philips Luek in Noreskow; l) in Kuhrkier; m) und n) in Söndermarck (Lage unsicher); in Nörreschau Bondenholz; o) Philips Luek in Noreskow. Quelle: Landesarchiv Schleswig-Holstein. Abt. 402 A 4, Nr. 301.

Hufe von Peter Andresen (Nr. 100)

altes angler Bauernhaus um 1800

Dass Peter Andresen den Besitz in geordneten Verhältnissen übernahm, lässt sich aufgrund der aufstrebenden Agrarökonomie dieser Zeit annehmen. Auch hatte er in Bezug auf Unterhaltung von Familienangehörigen in Form von Deputaten, Abnahmen oder Schuldentilgung kaum wesentliche Lasten zu tragen. Laut dem Erdbuch und der Flurkarte von 1781 erhielt Peter Andresen (Nr. 100) bei der durchgeführten Verkoppelung folgende Flurstücke, die teilweise nahe beim Hof lagen, aber vereinzelt auch am Rande des Dorfes:

a) Gamellück; b) Halbolslück; c) Baustelle und Hof; d) Sönderlück; e) Rewgrau in Söndermarck; F) Westen Praestens Moor (=Neddermoor) daselbst; g) Kulck; h) Taut; j) in Kowel; k) Philips Luek in Noreskow; l) in Kuhrkier; m) und n) in Söndermarck; in Nörreschau Bondenholz; o) Philips Luek in Noreskow

ist zusammen an Quantität:	*64 Tonnen*	*6 12/16 Schipp*
= an Bonität:	*38 Tonnen*	*5 1/16 Schipp*
=		
an Acker:	*30 Tonnen*	*1 4/16 Schipp*
an Wiese:	*3 Tonnen*	*4 Schipp*
an Holz und Busch:	*3 Tonnen*	*5 Schipp*
an Heide:	*1 Tonne*	*1 15/16 Schipp*
Land.[34]		

Die verfallenen Gebäude der Festehufe wurden 1855 vom damaligen Besitzer Franz Christian Andresen niedergerissen und durch Neubauten ersetzt. Sicherlich waren die abgebrochenen Gebäude Fachwerkbauten, wie aus den Erb- und Überlassungsverträgen von 1810 und 1846 hervorgeht. Vielleicht

---

[34] Meier 1979, 43; Stüdtje, Chronik Munkbrarup, Bd. 2, 1976, 586–589. Maße: 1 Tonne = 320 Quadratruten = 0,673 ha = 6727,5 m² - 1 Scheffel = 40 Quadratruten = 0,084 ha = 840,9 m² - 1/16 Scheffel = 2½ Quadratruten = 0,005 ha = 52,6 m² - 1 Quadratrute = 21,1 m. Schipp war ein Hohlmaß für Getreide. 1 Tonne = 8 Schipp

hatte Peter Andresen sie als Fachwerkbauten mit Ziegelsteinen neu errichtet. Das Hauptgebäude wird dem typischen Nordangler Bauernhaus dieser Zeit entsprochen haben, bei dem die Lo in der Mitte Wohnung und Stall trennte. Ob es an derselben Stelle lag wie das 1855 errichtete Bauernhaus, erscheint fraglich. Man wird es doch bis zur Fertigstellung des neuen benutzt haben. Geht man von der Flurkarte von 1781 aus, befanden sich die alten Gebäude der Hufe an etwas anderer Stelle als die 1855 errichteten. Die Lage des in den erwähnten Verträgen aufgeführten Abnahmehauses dokumentieren Aufzeichnungen von Franz Andresen von 1920.[35] Auch bestand ein Backhaus, in welchem laut Vertrag von 1810 eine Abnahmewohnung eingerichtet wurde.

Aus der Ehe des Peter Andresen und seiner Frau Maria Sophia gingen mehrere Kinder hervor. Das erste war ein Mädchen namens Maria, geboren am 20.10.1760, das aber schon am 13.12.1760 verstarb. Auch das zweite war ein Mädchen namens Maria, geb. 16.11.1761, das dritte aber ein Junge, getauft auf den Namen Franz. Da er noch vor der königlichen Verordnung von 1771, nach welcher der Familiennachname beizubehalten war, geboren wurde, enthielt er als Peters Sohn den Nachnamen Petersen. Er sollte später die Hufe erben. Es folgten als weitere Geschwister Andres (geb. 11.3.1768, gest. 14.5.1768), Christina (geb. 23.6.1769), Agnes Hedwig (geb. 4.12.1772, gest. 26.7.1773), Andres (geb. 22.5.1774, gest. 14.3.1861), Jens (geb. 28.12.1777, gest. 14.3.1861) und Peter (gest. 23.10.1769 mit 2 ½ Jahren).

Am 11.5.1784 starb Peter Andresen.

---

[35] Heute nicht mehr vorhanden. Sie wurden aber von seinem Sohn Theodor Andresen verwendet.

WEITERE BESITZER DER HUFE
1784 - 1805

Die Witwe Maria Sophia Andresen, die nach dem Tod ihres Mannes 1784 die Hufe übernahm, stand damals im Alter von 45 Jahren. Franz, der älteste Sohn war 19 Jahre, das jüngste Kind 6½.

Sie leitete die Hufe ein Jahr, bevor sie eine dritte Ehe 1784 mit dem Hufner Hans Erichsen in Wees einging. Dieser festete die Hufe 1785.[36] Aus dieser Ehe sind naturgemäß keine Kinder mehr geboren worden. Maria Sophia Andresen starb am 14.3.1810 in Wees.

Durch Erbvertrag vom 23.12.1790[37] festete der schon erwähnte Sohn Franz Petersen als Sohn des verstorbenen Peter Andresen und seiner Mutter Maria Sophia den Besitz. Nach den Schuld- und Pfandprotokollen für die Munkbrarupharde und den Flecken Glücksburg heißt es *in tomus 1 folio 247*[38]:

Franz Petersen, Festebohle Mann in Wees – dessen Vorweser Peter Andresen hat vorher keine Folien, – Franz Petersen hat nach produciiertem Festebrief vom 23.12.1790 dessen Vater Peter Andresen zu Wees belegenes Festebohl cum pertinentiis [mit Zubehör] in Feste erhalten.

Und weiter: *Nach allerhoechster Verfügung de dato Gottorf 27.7.1796 ist den Festbesitzern der Munkbrarupharde erlaubt worden, auf ihre Güter Schulden zu contrahieren, jedoch mit Vorbehalt der landesherrlichen Gerechtsame bis erfolgter Setzung. Nach meiner anderweitigen höchsten Verfügung de dato Gottorf vom 16.9.1796 ist*

---

[36] Preußisches Staatsarchiv (LASH), Akte C XIII 3, Nr. 167
[37] Preußisches Staatsarchiv (LASH), Akte C XIII 1, Nr. 167
[38] *tomus* (lateinisch) für: Band eines mehrbändigen Werkes

obige Verfügung dafür extendiert worden, dass der reservierte Vorbe-
halt der landesherrlichen Gerechtsame sich nicht bloß auf die herr-
schaftlichen Gefälle und etwaigen Restanten[39] *sondern auch auf den*
Kaufschilling und die sonstigen Prästanda[40] *erstrecken müsse, welche*
der Festebesitzer zu zahlen und zu leisten haben werde, sobald er das
Eigentum der Festerolle erhalten. Dieses ist den Creditoren bekannt
gemacht. Bohlsbesitzer hat sich aber nicht eingefunden.
Und weiter heißt es gekürzt:
10.4.1797 – Franz Petersen hat mit dem Bohlsmann Joachim Fried-
rich Marcussen zusammen in Oxbüll Kaution übernommen für den
hochfürstlichen Kutscher Peter Marcussen in Glücksburg an den
Kaufmann Andreas Christiansen für den Betrag von 39000 Taler
Schl.-Holst. grob. cour. species Silber-Münzen.
15.6.1797 – dieselben übernehmen ebenfalls für J. Fr. Marcussen eine
weitere Kaution an Alexander Jacobsens Witwe in Glücksburg für
eine unterm 29.12.1796 ausgestellte Obligation auf 300 Ta. Schl.-H.
gr.c. sp. S .M.
21.1.1803 – Franz Petersen schuldet Anna Magarethe Asmussen in
Jürgensby/Flensburg 200 Ta. Schl-H. gr. C. sp. S. M. sub hypo-
thecum omnium in specis seiner zu Wees belgenen Bohlstelle cum per-
tinentiis.
8.10.1803 – Franz Petersen schuldet an Bohlsmann Peter Jensen in
Maasbüll 100 Ta Schl.-H. gr. C. sp. S.M. –

Aus dem Erbvergleich mit dem Nachbesitzer der Hufe, Jens
Andresen, vom 10.10.1810 geht hervor, dass eine Akte vom
22.1.1791 ausgefertigt wurde, in welcher von Abnahmever-
pflichtungen gegenüber der Mutter die Rede ist. Leider ist über
diese Akte nichts festzustellen. Sie wird sicherlich eine Ausei-
nandersetzung zwischen Franz Petersen und seiner Mutter be-
inhalten.

---

[39] Schuldner im Zahlungsverzug
[40] Erbpachtleistung, Pflichtleistung

Franz Petersen starb mit kaum 40 Jahren am 23.1.1805. Verheiratet war er mit Anna Christina Erichsen, gebürtig aus Maasbüll. Aus der Ehe gingen offenbar keine Kinder hervor, jedenfalls keine erbberechtigten. Die Hufe besaß er also nur 14 Jahre. Wie seine wirtschaftlichen Verhältnisse in dieser kurzen Zeit waren, ist schwer zu sagen. Wenn er aber schon in den 1790er Jahren Kautionen übernimmt, darf man das wohl als ein gutes Zeichen werten. Die ersten Hypotheken nimmt er dann allerdings Anfang des neuen Jahrhunderts auf.

Wer sollte nun den Besitz der Hufe antreten? Aus der Reihe der früh gestorbenen Kinder des Peter Andresen und seiner Frau Maria Sophia blieb aus der Reihe der Geschwister nur der Jüngste Jens Jacob.

Angliter Bauernhof, wie er zu Zeiten von Peter Andresen ausgesehen haben könnte.

Feldmark bei Wees Kolk

JENS JACOB ANDRESEN
1805 – 1846

Um 1800 kommen wieder unruhige Zeiten über unser Land. Zwar, der gewaltige Umsturz und die jahrelangen blutigen Wirren in Frankreich in den 90er Jahren des 18. Jahrhunderts wirken sich zunächst noch nicht auf Schleswig-Holstein aus; aber darauf folgen die Jahre des korsischen Diktators, der sich ganz Europa unterwirft. Dänemark steht auf Seiten der Franzosen. 1807 wird Kopenhagen von den Engländern bombardiert. Unter Bernadotte rücken Franzosen und Spanier ins Land. Nachdem für die Franzosen unglücklichen Ausgang der Schlacht bei Leipzig 1812 sind es Schweden und Russen, die in unser Land eindringen. Doch infolge des Lasten Winters bleibt Angeln von dem Kosaken verschont. Wir dürfen also sagen, dass alle diese Ereignisse in ihren Auswirkungen auf Angeln bei weitem nicht den Schreckensjahren des 17. Jahrhunderts gleichkommen.

Schlimmer jedoch und verheerender sind in dieser Zeit von 1800 bis 1830/40 die wirtschaftlichen Erschütterungen, 1813 muss Dänemark seinen Staatsbankrott erklären. Dadurch leidet ganz besonders die Landwirtschaft erhebliche Verluste. Zudem steigen die Steuerlasten. Die Aufhebung der Feldgemeinschaft hatte die Bauern ohnehin mit Verschuldung belastet. Hinzu kommen Missernten bei dauernd niedrigen Kornpreisen.

Auch sonst kommt Unruhe ins Volk. Die wirtschaftliche Not mag dazu beitragen, das dänische Regiment erstmalig unbeliebt zu machen. Schon dringt mehr und mehr die plattdeutsche Sprache auch unter der Bevölkerung durch. Ein Uwe Jens Lornsen sagt 1830 den Kampf an. Die Eiderdänen treten mit ihren Gegenforderungen auf. Der Liberalismus findet auch unter der ländlichen Bevölkerung Eingang. Der Einfluss der Presse macht sich geltend. Und mit ihm geht Hand in Hand die Ausbildung der Jugend.

In dieser Hinsicht ist es König Friedrich VI., der gut für sein Land sorgt. Unter ihm wird 1814 die allgemeine Schulordnung erlassen. Bei dem Tode dieses Königs im Jahre 1839 trauert Angeln aufrichtig um ihn. Aber auch sein Nachfolger, König Christian VIII., erlässt manche nützliche Gesetze, wie die älteren Wege – die Armen – die Gesindeordnung. Die Kirche wahrt immer noch ihre Macht. Der Besuch der Gotteshäuser lässt nicht zu wünschen übrig. Die Aufklärung des Volkes leitet das große bürgerliche, das 19. Jahrhundert ein.

Der am 28.12.1777 als Sohn von Peter Andresen geborene und am 1.1.1778 getaufte Jens Jacob Andresen lebt also, wirtschaftlich gesehen, in einer düsteren Zeit. Das hat sich auch ganz ohne Zweifel in seinem landwirtschaftlichen Betrieb bemerkbar gemacht. Bei Übernahme des Hofes durch seinen Sohn Franz Christian – spätestens im Jahre 1846 – sind die Gebäude nach sicheren Angaben völlig verfallen gewesen. Auch das Land wird schlecht kultiviert gewesen sein. Der Betrieb war stark verschuldet – das alles wohl im Zusammenhange stehend mit der allgemeinen Lage. Die alte Festehufe wird allerlei Lasten auf sich getragen haben, sodass Jens Jacob beim besten Willen nicht vorwärtskommen konnte. Überdies wächst eine Reihe von Kindern heran, die aller ernährt und gekleidet sein wollen. Sich dieses bei der Beurteilung des Menschen vorzuhalten, ist wesentlich, daraus mögen manche Züge in seinem Charakter erklärt werden.

Am 21.2.1808 heirate Jens Jacob Andresen laut Kirchenbuch von Munkbrarup Dorthea Catharina Ströh (auch wie die Kirchenbücher sagen, geb. Strom, Ström). Sie war im Jahre 1778 auf Gut Quarnbek in Holstein, als Tochter des Vogtes Nicolay Ströh und seiner Frau Catharina, geb. Widt, geboren worden.

Die Hochzeit ist eine Haustrauung. Das hat in jener Zeit, in welcher die Menschen des Dorfes nach durchaus kirchlich sind, etwas zu bedeuten. In der Tat ist festzustellen, dass der älteste Sohn der beiden, mein Großvater Franz Christian Andresen, bereits am 26.6.1808 geboren wird, so dass eine kirchliche Trauung nach der Auffassung jener Zeit nicht statthaft war.

Mit Dorothea Catharina Ströh kommt auch zum ersten Male ein Blut in die Familie, das nicht aus engster Umgebung stammt. Das ist nicht zu übersehen. Wenn es sich um eine Holsteinerin handelt, so liegt die Vermutung nahe, dass sie vielleicht auf dem Hof in Wees in Diensten gewesen ist und so ihr Geschick an das Haus gekettet wurde. Dorothea Catharina stirbt am 14.3.1835 im Alter von 56¾ Jahren, 26 Jahre vor ihrem Manne. Laut Totenregister der Kirchengemeinde Munkbrarup ist ihr Begräbnis auf dem Friedhof zu Munkbrarup am 20.3.1835 erfolgt.

Von der Übernahme der Hufe durch Jens Andresen berichten die Schuld- und Pfandprotokolle der Munkbrarupharde im Bd. 46 (neuerer Registrierung) ausführlich:

tomus 2, folio 92: Jens Andresen, Besitzer einer Festehufe, vorher Franz Petersen Tomus 1 folio 247. – Jens Andresen hat laut Überlassungs-Contract und Erbvergleich vom 31.10.1805 die von dem verstorbenen Franz Petersen in Besitz gehabte und zu Wees gelegene Festebole käuflich erhalten für 1175 Taler Courant. Vid Nebenbuch 4 fol. 572/573. – Und weiter heißt es gekürzt:
20.11.1830 hypothekarische Schuld für Schiffs-Capitain Hans Hansen in Flensburg 1000 Ta Cour. oder 533 Reichs Ta 32 gr. S.M. zu 5% p. a. [per anno] Zinsen. – vid. Ub.buch 4/605.
2.5.1833 hypothekarische Schuld für Carl Emil Clausen, Glücksburg, 1900 Taler Courant oder 1013 R. Ta. [Reichsbank Taler] 3 Gr. zu 4% – NbB. [Nebenbuch] 4/986, gelöscht 30.4.1864

14.6.1845. Schuldeintragung für denselben 500 Tal. Cour. [Taler Courant] oder 266 R. Ta. zu 4% – NbB. 5/112/113, gelöscht 30.4.1864

Im Nebenbuch IV/S. 572–573 heißt es wie folgt:

Ueberlassungs- und Abnahme-Contract für Jens Andresen, Wees

ueber seine daselbst belegene Herrschaftl. Bohle, actum Weese, den 31. Oct. 1805. – Dato ist folgender Überlassungs-Contract und Erbvergleich angegeben worden:

ES ÜBERLÄSST demnach die Witwe des verstorbenen Franz Petersen, Anna Christina, cum curat: Johann Hansen in Rüde, die in Feste und Besitz gehabt Herrschaftliche Bohle hieselbst inhalts des Festebriefes und sowie ihr seliger Mann Franz Petersen selbige in Feste und Besitz gehabte Herrschaftliche Bohle hieselbst inhalts des Festebriefes und sowie ihr seliger Mann Franz Petersen selbige in Feste und Besitz gehabt und überlässt zugleich dabei den vorhandenen Beschlag an Vieh und Pferde, nebst Acker- und Feldgerätschaft, Kühe und Hausgerät, nebst Mobilien und Moventien[41] ausgenommen diejenigen Stücke, welche die Witwe Anna Christina mit sich auf die Abnahme nimmt und die unten näher spezifiziert werden sollen an den Miterben Jens Andresen und für die nachfolgende Überlassungsurkunde als

an Schuld	*ca. 1000 Reichsthaler*
an die Miterbin Christina Andresen	*116 Reichsthaler, 32 Groschen*
an die Miterbin Anna Magaretha,	
verh. Asmussen	*58 Reichsthaler, 16 Groschen,*
= Schlesw.-Holst. Cour.	*1175 Reichsthaler*

Außerdem ist Abnehmer Jens Andresen schuldig nicht allein die nach der Acte vom 22. Januar 1791 seine Mutter Sophia Erichsen zu reichende Abnahme, als zur Wohnung das vorhandene Abnahmehaus,

---

[41] Sachen

welches Abnehmer in baulichem Zustande zu unterhalten, 1 Schip
Kohlgartenland und einen selbst beliebigen Apfelbaum, welcher Kohl-
garten Annehmer einfriedigen und bedüngen muss, an reinem Korn
jährlich 2 Tonnen Rokken, 2 Tonnen Buchweizen, 1 Tonne Gärsten,
1½ Tonnen Haber, 8 Fuder Torf zu liefern und einzutragen 1 Lies-
pfund geschwungenen Flachs, 1 fette Gans, 1 Farcken nächst das
Beste, wenn es 8 Wochen alt ist, 1 Kuh nächst der Bestem nämlich zu
May-Tag, 1 neue gejungte und auf Michaelis 1 Fährkuhe bey des Be-
sitzers frey in der Weiden und Futter, demnächst 1 Schaaf frey des
Besitzers in Futter und Gras, frey Bücken, Backen und Mahlen bey
des Besitzers Gerätschaft, einen freyen Wagen zur Kirche, zur Stadt
und zum sonstigen Gebrauch, den besten Kirchenstuhlstand, freye
Hege und Pflege in kranken Tagen – sondern auch der Ueberlasserin
Anna Christina Petersen, geb. Erichsen, nachfolgende Abnahme zu
geben als: zur Wohnung für diesen Winter die Norderstube mit einem
guten eisernen Ofen versehen, im Frühjahr 1806 aber wird ihre Ab-
nahmewohnung im Backhause von 2½ Fach auf Abnehmers Kosten
womöglich mit 2 Bettstellen versehen und gehörig astiert, auch da-
selbst Bodenräume zu ihren Meublen zu gebrauchen, und für die Zu-
kunft von Abnehmer zu unterhalten, auch den in der Norderstube ge-
setzten eisernen Ofen dahin zu transportieren und aufzusetzen, fer-
ner das abgemerkte Stück Land des Kohlgartens, welches Abnehmer
bedüngen und in kranken Tagen bearbeiten muss. In reinem Korn
jährlich 2 Tonnen Rokken, 1½ Tonnen Buchweizen, 6 Schip Gersten
und 6 Schip Haber, 1 Liespfund geschwungenen Flachs, 5 Liespfund
geräucherten Speck, wöchentlich 1 Pfund Butter und täglich 1 Kanne
süße Milch des Sommers, und 1 Krug süße Milch des Winters, jähr-
lich 1 fette Gans, 8 Fuder Torf frey vor die Türe zu liefern und Platz
dazu und in Krankheitsumständen einzutragen, 1 Schaaf bey des Be-
sitzers Schaafen frey in Futter und Gras, frey Bücken, Backen und
Mahlen mit Besitzers Gerätschaften oder wenn Besitzer selbst backen
will 1 Schip frey mit zu backen, den freyen Gebrauch der Kohlblüte
mit Stößer, freie Hege und Pflege in Krankheitsumständen, einen
freyen Wagen zur Kirche, zur Stadt oder sonst an ihren Freunden und

Verwandten, jedoch nicht ohne Not in der Pflug- und Erntezeit, welchen Besitzer quartaliter und zwar zu Weihnachten des Jahres zum ersten Male mit 2 Reichsthaler bezahlen muss.

Sollte die alte Abnahmewitwe Maria Sophia Erichsen mit Tode abgehen, so tritt diese Abnahme in Anna Christina Petersen ihre Stelle und genießt die ihr nach der Acte vom 22.11.1791 verschriebene Abnahme, wohingegen die der Anna Christina Petersen verschriebene Abnahme wegfällt, jedoch behält sie die vorgeschriebene 8 Reichsthaler jährlich zum Handschilling.

Ueberlasserin nimmt auf die Abnahme mit sich 2 eisenbeschlagene Kisten, dito Lade mit allem was sich darin befindet, 1 kleine eichenbeschlagene Lade, 2 messingen Kesseln, 2 eiserne Grapen, 1 kleinen kupfernen Teekessel, 2 steinerne Töpfe, 10 dito Tellern, 1 dito Leuchter, 1 Spiegel mit vergoldetem Rahmen, 1 messingen Feuerbecken, 4 Paar Teetassen, 1 Teetopf, 3 lederne Stühle, 2 hölzerne dito, 1 tägliches Bett, 1 Feuerzange und Schaufel, 1 Spinnrad, 1 Haspelholz, 1 Kaffeemühle, 1 steinerne Kaffeekanne, 1 eiserne Lampe und 1 kleiner 4eckiger Föhrentisch mit Schieblade, welcher Besitzer ihr machen lassen muss, 1 beschlagene Eichenlade, 1 zinnerne Kanne, 1 Bügeleisen, 1 Kugelflinte. Sobald die Abnahmefrau mit Tode abgegangen, fällt die Abnahme dem Besitzer der Stelle unentgeltlich anheim, der Nachlass aber den gesetzlichen Erben, jedoch hat der Besitzer der Stelle den Begräbniskosten 15 Reichstaler zu bezahlen. Ferner ist Abnehmer Jens Andresen schuldig, seiner Schwester Christina Andresen statt der in der Acte vom 22.11.1791 versprochenen freien Verlöbnis 50 Thaler zu bezahlen, die aber in vorangezogener 1000 Reichsthaler Schuld mit begriffen sind. Der Antritt der Stelle geschieht sogleich und Abnehmer hält von dato an alle daran haftenden und fallenden Lasten und Abgaben, sowie annoch etwa zu reparierenden Abgaben und Communelasten ab.

Da nun nichts weiter hinzuzufügen gewesen und die Erben mit der Abfindungssumme von 116 Rth. 32 Gr. und 58 Rth. 16 Gr. völlig zufrieden und daher keine weiteren Ansprüche zu machen berechtigt sind, so ist dieser Überlassungs- und Abnahmecontract und Erbver-

gleich bis zur Genehmigung und Ausfertigung von allerseits beykom-
menden unter Begebung aller Ausflüchte und Rechtsbehelfe, sie haben
Namen wie sie wollen, beym Verband ihrer gesamten Habe und Güter
wohlbedächtlich eigenhändig unterschrieben worden.

in fidem   datum ut supra.

Bloch   Anna Christina Petersen – mit angefasster Feder[42]

Jacob Joosten

Jens Jacobsen   Johann Hansen – Christina Andresen – mit aufer-
*   legter Hand*

Philip Evertsen   Johann Joachim Pugh – Christian Asmussen,
*   namens meiner Frau Christina Magaretha –*
*   Maria Sophia Erichsen – mit geführter Hand –*
*   Hans Petersen Jüdt –Jens Andresen //*
*   C. Christiansen*
salva approbatione at protocolatione der Abnahme ausgefertigt
*   in fidem Bloch*
Glücksburg, den 10. Octbr. 1810

Wir sehen aus diesem mit viel Bedacht aufgesetzten Vertrag,
dass Jens Jacob Andresen größere Lasten übernahm, jedenfalls
im Hinblick auf die doppelte Abnahme, auf die sich seine Mutter und Schwägerin verpflichtete. In den Tagebüchern von Fritz
Andresen heißt es dazu am 8.2.1885:

Gegen Abend wurde die Unterhaltung zwischen Mutter [Anna
Catharina Andresen, geb. Simonsen] und mir etwas lebhafter. Man-
che Begebenheiten aus alten Zeiten und damaligen Verhältnissen
wurden von Mutter erzählt. So z. B. daß Großvater [Jens Jacob
Andresen] den Besitz, als er denselben an Vater [ihr Ehemann Franz
Christian Andresen] 1846 habe abtreten müssen, indem er erklärte,

---

[42] Anna Christina Petersen konnte somit nicht schreiben.

sich nicht da hindurchsehen zu können. Die Gebäude sollen damals gänzlich verfallen gewesen sein, so daß Vater sie eine Räuberhöhle genannt hat, die Felder ausgesogen und verarmt, das Vieh abgemagert, fast kein Saatkorn vorhanden usw. Ueberall Verfall und größte Unordnung. Dabei hatte Großvater nur eine Schuldenlast von 600 Thalern.[43]

Es mag gefolgert werden, dass Jens Jacob Andresen ein schlechter Bauer gewesen sei. Es ist aber zu berücksichtigen, dass er am Anfang schwere Jahre hatte. So wuchsen zwischen 1808 und 1818 nicht nur fünf Kinder heran, sondern infolge der napoleonischen Kriege und des dänischen Staatsbankrotts 1813 herrschte seit 1811 eine kritische ökonomische Situation in Schleswig-Holstein. So erlitt auch die mit hohen Steuern belastete Landwirtschaft erhebliche Verluste. Hinzu kamen Missernten bei dauernd niedrigen Kornpreisen.

Am 14.3.1810 starb die Mutter von Jens Jacob Andresen im 71. Lebensjahre. Nach den Kirchenbüchern Munkbrarup lautet die Todeseintragung:

Maria Sophia Erichsen, gest. 14.3.1810, des verstorbenen Jens Jensen (Lorenzen) Rademachers in Wees und der Maria, geb. [?] aus Hürup eheliche Tochter. Sie war dreimal verheiratet – mit
1.) *Franz Petersen, davon ist eine Tochter, Christina Magaretha, die war verheiratet mit Hufner Christian Asmussen, Ringsberg. Aus der Ehe 3 Kinder, Peter und Franz Christina.*
2.) *Peter Andresen, davon leben die Kinder Christina, unverheiratet. – Jens, Hufner in Wees, verheiratet mit Dorothea Catharina Ströh: 2 Kinder, Peter und Franz Christian.*
3.) *Hans Erichsen, keine Kinder. – alt 72 Jahre.*

---

[43] Tagebücher von Fritz Andresen, Archiv Andresen.

Woraus also hervorgeht, dass von den acht Kindern aus zweiter Ehe 1810 nur zwei am Leben waren. Wann die zweite Abnahmefrau, für die Jens Andresen zu sorgen hatte, seine Schwägerin, verstarb, ist unklar. Sicherlich lebte sie noch eine Reihe von Jahren.

Jens soll ein halsstarriger Mensch gewesen sein. Er hat mit seinen engsten Angehörigen kaum einen Zusammenhang gehalten. Sollte jener Vertrag, der ihm als jungen Besitzer die genauesten Vorschriften auferlegte, dazu beigetragen haben? Aus den spärlichen Nachrichten lässt sich das jedoch nicht beurteilen.

Jens Andresen hat die Hufe 41 Jahre bewirtschaftet. Nachdem er auf die Abnahme kam, lebte er noch 15 Jahre. Seine Todeseintragung lautet – aus dem Dänischen übersetzt:

Todestag 14.3.1861, Tag des Begräbnisses 22.3. Der Ehemann Jens Jacob Andresen in Wees, Sohn des verstorbenen Bohlsmannes Peter Andresen in Wees, da selbst und seiner Ehefrau Marie Sophie. Er war einmal verheiratet, nämlich mit der verstorbenen Dorothea Catharina Ströh. Aus dieser Ehe leben fünf Kinder: 1 Franz Christian in Wees, 2. Katharina Magdalene, unverheiratet. 3. Karolina Sophie, verheiratete Jordt, Wees, 4. Jens, unverheiratet, 5. Marie Sophie, unverheiratet.

Jens Jacob Andresen ist mein Ur-Großvater. Er hat ein hohes Alter erreicht: 83 Jahre, ist somit unter den männlichen Vorfahren väterlicherseits der, welcher der Älteste geworden. Von ihm kommt mir die erste, wenn auch dürftige Kunde – doch sie ist sicher. In seinen hinterlassenen Aufzeichnungen streift mein Vater bei der ausführlichen Lebensdarstellung wiederum seines Vaters, also des Sohnes von Jens Jacob, das Wesen dieses meines Urgroßvaters. Als im Jahre 1855 die alte Hufe niedergebrochen wird, um durch einen Neubau ersetzt zu werden, ist der Alte, der auf der Abnahme sitzt, nicht zu bewegen, dieses Gebäude zu verlassen. Seine Halsstarrigkeit ist nicht zu überwinden. Der Sohn muss mit dem Neubau der Abnahme warten, bis der Vater sich endlich zum Auszug überreden lässt – aber auch nur, weil das Gebäude einzufallen droht.

Das Verhältnis zu diesem Sohn scheint auch völlig zerstört gewesen zu sein. Kaum, dass die beiden miteinander sprechen. Der Alte, seit 1835 Witwer, wird wohl einen einsamen Lebensabend verbracht haben. Seine Eigenwilligkeit, wodurch seine Umgebung von ihm abgestoßen sein mag, hat ihn dieses selbst verschuldete Geschick herbeigeführt. Aber, versuchen wir, gerecht zu sein. Bedenken wir, eine wie schwere Zeit dieser Mann durchzumachen hatte, der in seinem Wirtschaftsbetrieb nichts als Niedergang erlebt, der nach dem Tode seiner Frau völlig vereinsamt ist und zudem den Besitz an seinen Sohn wohl abtreten muss. Zwar, er steht ja schon im 70. Lebensjahre, aber am Ende ist er noch rüstig gewesen.

Es liegen auch Gründe vor, anzunehmen, dass das Verhältnis zu dem Sohn und Erben Franz Christian schon vorher getrübt gewesen ist. So haust er denn, ein mürrischer, eigensinniger Alter, noch viele Jahre auf der Abnahme, wird erst im Jahre 1861 nach einem langen sorgenreichen und drückenden Leben abberufen. Mir will scheinen, als ob ich sein Geschick, seinen Lebensweg mit dem jenes Ersten unserer Ahnenreihe, mit Peter Jacobsen, vergleichen kann, ganz wie ich es in der Folge tun möchte mit dem des Sohnes Franz Christian und seines Vorfahren Andres Petersen. „Alles ist im Fluss"[44], sagt der griechische

---

[44] *panta rhei* (altgriechisch für: alles fließt) geht auf den griechischen Philosophen Heraklit zurück, von Platon im Dialog *Kratylos* nahegelegter, wörtlich jedoch erstmals bei dem spätantiken Neuplatoniker Simplikios erscheinender Aphorismus zur Kennzeichnung der heraklitischen Lehre.

Weise – ja, und die Schicksale der Welt und der Menschen sind einer unablässigen Wellenbewegung vergleichbar: auf und nieder wogen die Zeiten – Generationen steigen und fallen, sie sind wie das Stückchen Holz, das auf stürmischem Meere schwimmt: es steigt mit der Welle, es sinkt ins Tal. Es gibt wohl auch ruhige Zeiten, wo das Meer in glatter, glänzender Fläche verharrt, aber die Stürme kommen immer wieder – und dann beginnt der Tanz von neuem.

Hier folgt der Auszug aus dem Totenregister der Gemeinde Munkbrarup:

Reg. No.   Tag des Todes   Tag des Begräbnisses
3   14.3.1861   22.3.1861
Ehemand: Jens Jacob Andresen i Ves, søn af de Dorothea Katrine, født Stroeh. Af dette Agelskab leve fem Børn: 1) Franz Christian i Ves 2) Katrine Magdalene, ugift 3) Karoline Sophie gift Jordt, Ves 4) Jens, ugift 5) Sophie, ugift – Alder 83 Aar 2½ Md.

Unter der Todeseintragung der Mutter Maria Sophia Erichsen 14.3.1810 heißt es: *Jens Jacob Andresen, verh. m. Dor. Cath. Ströh, aus dieser Ehe 2 Kinder: Peter und Franz Christian.* Über diesen Peter ist aber kein Geburtseintrag zu finden, sodass er auch andernorts geboren sein könnte, etwa in Quarnbek. Auch ein Sterbeeintrag fehlt.

Endlich fand ich am 25.10.1937 im Angler Kirchenbuchamt in Sörup im Taufregister Munkbrarup folgende Eintragung: *Reg.No. 13 d. Jahres 1806, Geburtstag 3.2. Tag der Taufe 12.2.* Peter Andresen ist ein unehelicher in (?) gezeugter Knabe, dessen Mutter ihrem Vorgeben nach Dorothea Reimers heißen und von dem adeligen Gute Cronshagen bey Kiel gebürtig sein soll. Der Vater dieses unehelichen Kindes ist der unverheiratete Hufner *Peter Andresen in Wees. – Gevattern: Der Hufner Andreas Christiansen in Ulstrup – Der Jungges. Asmus Petersen, Oxbüll –*

Christina Andresen, weil. [weiland = ehemals] Peter Andresens Tochter in Wees. Peter starb vermutlich früh an einer zehrenden Krankheit.

Ferner sind bei der kirchlichen Todeseintragung der Mutter Dorothea Catharina, geb. Ströh, gesagt, dass von 7 Kindern 5 leben. Auch über dieses 7. Kind habe ich nichts finden können. Denkbar wäre es, dass es zwischen Franz Christian und Catharina Magdalena, also zwischen 1808 und 1812 geboren sei, zumal die nachfolgenden Kinder immer in Abständen von 11/2 bis 2 Jahren folgen. Aber dieses 7. Kind (der Reihe nach wahrscheinlich also das dritte) wird kaum Nachkommen hinterlassen haben, da es ja auch früh verstarb. So bleiben nur 5, und zwar von diesen:

1. Franz Christian – er ist der Erbe der väterlichen Hufe. Von ihm und seiner Frau handelt der folgende Abschnitt.

2. Catharina Magdalena - geb. 27.3.1812, getauft 30.3. laut Geburts- u. Taufregister von Munkbrarup unter Reg. No. 17 des Jahres 1812. Die Gevattern sind: Catharina Rasch, Wees – Magdalena Clausen, Wees – Asmus Asmussen, Oxbüll. Todesdatum bleibt unbekannt. In den Aufzeichnungen meines Vaters finde ich sie als die „alte, taube Tante."[45] Hiernach wohnte sie in einer alten, verfallenen Hütte in einem einsamen Winkel des Dorfes Wees. Die ausführlich beschriebenen Räume dieses Hauses waren von primitivster Art. Hier lebte sie ihre alten Tage, einsam, menschenscheu, taub. Ihre Zeit vertrieb sie mit dem Spinnrad. Je länger ihr Lebensfaden weiterspann, desto einsamer, stiller und trüber wurde es in ihrem Stübchen und in

---

[45] Die Originalaufzeichnung von Franz Andresen ist im Archiv Andresen nicht mehr vorhanden, wohl aber eine Abschrift in: Theodor Andresen, Aus meinem Familienarchiv. Gesammelt und handgeschrieben von mir selbst. Die alte taube Tante, Catharina Magdalena Andresen (Flensburg 1936).

ihrem sonderlichen Kopfe und abgestorbenen Herzen. Auf ihrer Fensterbank lag stets ein faustgroßer Stein, den sie gebrauchte, wenn sie sich einbildete, der Feind in irgend einer Menschengestalt wolle ihr Böses tun. Auch gegen manche der Verwandten hegte sie einen bitteren Groll. Wenn mein Vater mit irgendeinem Auftrage zu ihr geschickt wurde, musste er oft die Fensterscheiben von außen irgendwie zudecken, damit die taube Alte auf ihn aufmerksam wurde und ihm aufmachte. Die Verständigung geschah durch Kreideschrift auf dem Tisch. Viel traf man auch die Alte im Wald und Feld, wo sie Holz sammelte.

3. Anna Carolina, auch Carolina Sophia – geb. 6.2.1814, getauft 13.2. laut   Geburts- u. Taufregister von Munkbrarup unter Reg. No. 9. Die Gevattern sind: Anna Carolina Hansen, Ulstrup – Maria Sophia Asmussen, Ringsberg – Christian Jügensen, Signum. Gestorben 25.6.1888, begraben 2.7. lt. Totenregister Munkbrarup Reg. No. 22/1888. Alter 74 Jahre, 6 Monate. Die obige doppelte Namensbezeichnung ergibt sich daraus, dass dieses Kind bei der Eintragung ins Totenregister sowohl für den Vater wie für die Mutter Carolina Sophia genannt wird, während es bei der Eintragung für sich selbst in das Geburtswie Sterberegister Anna Carolina heißt. Der Rufname ist also Caroline gewesen.

4. Jens – geb. 1.4.1816, getauft 11.4. laut Geburts- und Taufregister von Munkbrarup unter Reg. No. 16/1816. Gevattern: Jens Hansen, Wees – Hans Josten, Wees – Anna Jacobsen, Wees. Jens Andresen war von Beruf Steinhauer, war unverheiratet und hat keine Nachkommen hinterlassen. Sein Steinhauergeschäft betrieb er in Rotenhaus bei Wees und es ist denkbar, dass er hauptsächlich durch die aufkommenden Wegeverbesserungen insbesondere durch den Straßenbau Flensburg – Glücksburg, wie auch vielleicht durch den Kleinbahnbau der gleichen

Strecke einen wesentlichen Erwerb gefunden hat. Sein Beiname unter der Bevölkerung war – wie mir dies von alten Leuten der Gemeinde bestätigt wurde – Buer: Jens Buer, ähnlich wie dieses Beiwort für seinen ältesten Bruder Franz Christian gebräuchlich war. Nach gewissen Andeutungen meines Onkels Fritz etwas von ihm gehalten zu haben und da er selbst ein lustiger Vogel war, der das Leben zum größten Teil von der vergnüglichen Seite nahm, darf ich wohl zu diesem Schluss berechtigt sein. Jens Andresen starb lt. Reg. No. 20/1893 des Totenregisters Munkbrarup am 17.6.1893. Tag des Begräbnisses am 20.6. Bezeichnend ist für diese Eintragung die Hinzufügung: Grabrede Munkbrarup d. 18.6.1893.

5. Maria Sophia – geb. 6.12.1818, getauft 13.12. laut Geburts- und Taufregister von Munkbrarup unter Reg. No. 3/1818. Gevattern: Anna Maria Josten, Wees – Anna Christiana Paulsen, Husby – Johann Petersen Jüd., Rosgaarde.
Bei der kirchlichen Todeseintragung des Vaters Jens Jacob wird sie als unverheiratet aufgeführt. Sie war damals bereits 42 Jahre alt. Auch sie soll halb taub gewesen sein, erreichte aber ebenfalls ein hohes Alter. Am 25.10.1937 stellte ich im Angler Kirchenbuchamt in Sörup folgendes fest: Laut Beerdigungsregister der Kirchengemeinde Grundhof verstarb am 4.2.1905 in Kattberg die ledige Abnahmefrau Maria Sophia Andresen, geb. in Wees am 6.12.1818 im Alter von 86 Jahren 2 Monaten, Begräbnis am 10.2.

FRANZ CHRISTIAN ANDRESEN
1846 – 1865

Die Mitte des 19. Jahrhunderts ist wiederum gekennzeichnet durch einen langsamen Aufstieg. Wohl ist es auch für unser Land die Zeit der Kriege. Zunächst der Erhebungs- und dreijährige Krieg 1848/51, ausgekämpft zwischen Schleswig-Holstein und Dänemark, dann der Krieg von 1864, mit welchem das übermächtige Preußen dem sich tapfer wehrenden Dänemark Schleswig-Holstein entreißt.

Aber diese Kriege sind in ihren Wirkungen auf die Bevölkerung und das Elend gegenüber den früheren anders zu werten. Es sind doch schon Kriege moderner Art, in welchem es nicht mit der Zügellosigkeit einer Söldnersoldateska über eine nicht im unmittelbaren Kriegsgebiet wohnenden Bevölkerung hergeht. Die Feldzüge bleiben lokal, sodass Angeln, abgesehen von den Kämpfen im äußersten Westen, so gut wie verschont bleibt. Wie bereits kurz angedeutet, die Unzufriedenheit mit dem dänischen Regiment, die Beeinflussung der Bewohner durch die Presse wie durch revolutionäre Männer von Süden her lassen den Bauern Angelns aufrührerisch werden. Aber es ist auch in diesem Zusammenhange ganz bestimmt zu sagen, dass eine Bevormundung von Süden, eine Einverleibung in das Preußen-Deutschland Bismarcks keineswegs der Wunsch und Wille der Bevölkerung gewesen. Man fühlt sich herzoglich, womit alle Rechte, die uralte Sonderstellung der Herzogtümer innerhalb des dänischen Staates gewahrt werden soll. Ganz besonders und unweigerlich gilt dies für das alte Herzogtum Schleswig. Auch meine Ahnen dachten nicht daran, Preußen zu werden. Auch heute dokumentiert sich das hundert- und tausendfältig in der Art des Angler Menschenschlages. Er will seine Eigenart gewahrt wissen. Der Angler von heute meint wohl, innerlich Preuße und Deutscher zu sein, aber in wahrem Sinne ist er es nicht und kann es nie werden.

Die wirtschaftliche Entwicklung dieser Zeit geht ihren langsamen Gang vorwärts.[46] Nach der Aufklärung der vorhergehenden Epoche, nach Einführung neuer Methoden, die auf eine stets gesteigerte Intensivierung auf dem Gebiet der Landwirtschaft zielen, beginnt die unerhörte Kultivierung des Bodens, die beständig höher getriebene Nutzung des Viehbestandes. Da ist zunächst das Mergeln des Landes, womit eine Besserung der Weiden erzielt wird. Da ist das sinngemäße Drainieren, wodurch versumpfte Gebiete zu fruchtbarem Ackerland gewandelt werden. Alles das steckt zwar noch in den Anfängen, aber es ist doch ein Weg gewiesen, aus der Misere der schlechten Jahre herauszukommen. Die bäuerliche Bevölkerung ist jetzt aufnahmebereit für die neuen Lehren. Man geht daran, diese zusammen mit der Natur zu nutzen.

Es ist ja auch die Zeit, in welcher durch die Erfindung der Dampfmaschine die Grundlage für eine mächtig sich entwickelnde Industrie geschaffen wird. Es ist die Zeit, in welcher mit dieser Erfindung die Erschließung des Landes erfolgt. Wohl wird in Angeln die erste Eisenbahn erst 1881 von Kiel nach Flensburg erbaut, aber zwischen den größeren Städten der Provinz beginnt doch schon der Zusammenschluss dieser Art. Damit gewinnen die Produkte der Bauern größere Bedeutung, sie kommen weiter in die Welt, ein größerer Verbraucherkreis beteiligt sich an ihnen, die Kritik, die Konkurrenz wächst und damit auch der Antrieb zur Qualitätserzeugung.

In der Erziehung der Jugend geht der eingeschlagene Weg weiter. Die Kinder müssen jetzt das ganze Jahr zur Schule gehen. In der Pädagogik vervollkommnen sich die Methoden zu

---

[46] Zur Wirtschaft dieser Zeit siehe: Dirk Meier, Schleswig-Holstein. Eine Landschaftsgeschichte (Heide 2019), 183-191.

einer mit dem praktischen Leben übereinstimmenden Bildung des Zöglings. Zwar, es beginnen sich schon die ersten Lockerungen der kirchlichen Autorität bemerkbar zu machen. Hier und da spöttelt man über die Menschen, die zur Kirche gehen.

Zusammenfassend dürfen wir sagen, dass die Zeit um die Mitte des Jahrhunderts charakterisiert wird durch eine geistige Regsamkeit der Menschen, durch die Auswirkung all der schöpferischen Ideen und Erfindungen, durch welche das 19. Jahrhundert unbestreitbar seine charaktervolle Größe errang.

Die Lebenshaltung ist im Wesentlichen so wie sie früher war: einfach – unmittelbar den Bedürfnissen des Lebens entsprechend.

Auszugsweise heißt es aus dem Geburts- und Taufregister der Kirchengemeinde Munkbrarup:

Reg No.   Tag der Geburt   Tag der Taufe
28   26.6.1808   3.7.1808
Franz Christian Andresen
des Jens Andresen, Hufners in Wees
und seiner Frau Dorothea Catharina, geborene Strom,
aus Quarnbek ehelicher Sohn
Gevattern:
Christian Andresen, Wees
Christian Clausen, Wees
Maria Catharina Josten, Wees

Nach den Schuld- und Pfandprotokollen der Munkbrarup Harde u. des Fleckens Glücksburg, welche im Gerichtsgebäude zu Flensburg ruhen, habe ich Folgendes zur Übernahme der Hufe durch Franz Christian Andresen festgestellt. Im Band No. 46 [neuerer Registrierung] *tomus 2 folio* [alt] heißt es auf *Folio 433*:

Franz Christian Andresen, Besitzer einer Festehufe in Wees, vorher Jens Andresen fol. 247:

Mittels Contract vom 15.10.1846 hat Jens Andresen die obige Feste-hufe cum pertinentiis [mit Realrechten] an seinen Sohn Franz Christian Andresen für die Summe von 1300 Cour. Thaler oder 2080 Rb. Thaler verkauft und schuldet in salto des Contracts von dieser Kaufsumme sub hypothecorum seiner ältesten Schwester Catharina Magdalena Andresen die Summe von 800 Mark Cour. oder 426 Thaler 64 Silbergroschen zu 3% jährlichen Zinsen und halbjährlicher Kündigung- und seiner jüngsten Schwester Maria Sophia Andresen die Summe von 600 Mark Cour. oder 320 Thaler zu 3% jährl. Zinsen, nur wenn die Creditice sich mit Einwilligung ihres Vaters verheiratet auf habjährliche Kündigung bis zu ihrer Verheiratung oder wenn sie sich gegen den Willen ihres Vaters verheiratet aber unkündbar, und in diesem letzten Falle nach ihrem Tode an ihre rechtmäßigen Erben zahlbar. Außerdem ist Käufer inhalts des Contracts sub hypothecum bonorum verpflichtet, seinem Vater die in dem Contract spezifizierte Abnahme zu leisten. – Notiert und protokolliert 2.11.1846 und eingetragen ins Nebenbuch 4 pagina 27-33.

In diesem Nebenbuch 4 heißt es auf den S. 27–33:

Ueberlassungs- und Abnahme-Contract für Franz Christian Andresen, Wees

Kund und zu wissen sei hiermit allen, denen daran gelegen, dass unterm heutigen Dato zwischen dem Hufner Jens Andresen in Wees als Ueberlasser an einem und dessen Sohn Franz Christian Andresen daselbst als Annehmer an anderen Teil folgender Ueberlassungs- und Abnahmecontract wohlbedächtig errichtet und vollzogen worden ist:

§ 1. Es cediert und überläßt demnach gedachter Jens Andresen für sich und seine Erben in Gemäßheit der Zustimmung des königlichen Amthauses vom 6. Juni d. J. die im bisher laut Ueberlassungs-Contracts und Erbvergleichs vom 10. Octbr. 1810 und Festebriefes

vom 4.2.1806 zuständige Gewese in Wees belegene Festehufe mit darin stehenden Gebäuden und was darin erd-, niet- oder nagelfest ist und in dem Zustande worin sich solches gegenwärtig befindet, mit allen daran klebenden Rechten und Gerechtigkeiten, Lasten und Beschwerden, ferner mit dem sämtlichen dabei vorhandenem Inventar und Beschlag an Vieh, Wagen, Acker- und Hausgerät nebst Mobilien mit Ausnahme jedoch derjenigen Stücke, welche Ueberlasser seinen übrigen Kindern zugeteilt hat und selbst mit auf die Abnahme nimmt – diese alles an den ebenfalls gedachten Franz Christian Andresen und dessen Erben, um es für die wohl accordierte Überlassungssumme von 1300 Thaler Courant oder 2080 Reichsbank Thaler Silber Münzen zu übernehmen.

§ 2. Zur Berichtigung dieser Überlassungssumme übernimmt Annehmer a) die auf der Stelle haftende protocollierte Schuld zum Betrag von 2400 Mark Courant als seine eigene und richtet sich in dieser Hinsicht nach den darüber ausgestellten Verschreibungen. Derselbe zahlt:

b) an C.M. Andresen (wie oben) 800 Mk Cour.

c) an M.S. Andresen (") 600 " "

d) an den Ueberlasser selbst den Rest

mit 3% jährlichen Zinsen 100 " "

erfüllen obige 3900 " "

und auf halbjährige beide Teile freistehende Loskündigung. Die beiden Geschwister Carolina Sophia Andresen, verheiratete Petersen, und Jens Andresen haben bereits ihr Erbteil erhalten.

§ 3. Annehmer verpflichtet sich ferner, dem Abnehmer folgende jährliche Abnahme unweigerlich lebenslänglich zu prästieren:

1) Zur Wohnung setzt Annehmer auf eigen Kosten 5 Fach im östlichen Ende des Abnahmehauses in gehörigem Stand und unterhält solche fortwährend.

2) *Als Gartenland den vorhandenen Abnahmegarten mit den darauf stehenden Obstbäumen, auch muss Besitzer zu dem Garten den benötigten Dünger liefern.*

3) *Aus reinem Korn 4 Tonnen Rokken, 3½ Tonnen Buchweizen, 1 Tonne Gersten und 1 Tonne Hafer.*

4) *An frisch gemolkener Milch täglich: vom 14.3.–14.10. sechs Kannen, 14.10. – Weihnachten drei, Weihnachten bis 1.3. zwei, 1.3 –14.3. drei Kannen. Die von Abnehmer nicht verbrauchte Milch und dem sonstigen zum Viehfutter dienenden Abfall erhält Besitzer unentgeltlich zurück, muss aber die zur Aufbewahrung nötigen Behältnisse hergeben.*

5) *An Fleisch im Herbst ein hakenreines fettes Ferkel zu 11 Liespfd., gutes fettes Rindsfleisch 3 Liespfd. und 1 Liespfd. der geringeren Sorte, ferner 4 lebendige fette Gänse.*

6) *An Feuerung frei in die Scheune geliefert 1000 Soden gute trockene Torf von dem Moor wo Besitzer selbst seinen Torf nimmt nebst 2 Fuder Tellingholz.*

7) *2 Liespfd. reinen geschwungenen Flachs.*

8) *2 Schafe frei in Futtern und Gras und zwar eins in der besten Weiden, ferner das Recht, 4 Hühner auf dem Hofplatz frei geben zu lassen.*

9) *Land im Felde zu 5 Schip Michaelis Kartoffeln, Aussaat neben des Besitzers eigenen Kartoffeln.*

10) *Die benötigten Fuhren zur Kirche, zur Stadt und zu Freunden und sicherem Kutscher, jedoch nicht mit einem wohl gespannten Fuhrwerk und sicherem Kutscher, jedoch nicht ohne Not in der Pflug- und Erntezeit.*

11) *Freien Mitgebrauch der Gerätschaften des Besitzers beim Backen, Bücken und Mahlen.*

12) *Als Handschilling quartaliter 6 Mk. Cour.*

13) Dem Abnehmer wird der beste Kirchenstand überlassen und muss Besitzer ihn in Alters- und Krankheitsfällen kindlich hegen und pflegen, auch ihn nach seinem Ableben auf eigene Kosten nach Nachbars Gebrauch beerdigen lassen.

§ 4. Der Antritt und die Überlieferung der vorgenannten Hufe ist bereits am 1.3. d. J. zur Zufriedenheit des Annehmers geschehen und derselbe in den wahren und rechten Besitz derselben gesetzt worden, so dass er damit frei schalten und walten darf, unter Abhaltung aller darin ruhenden Abgaben und Lasten vom Antrittstage an. Auch verspricht der Ueberlasser dem Abnehmer die freie Gewähr für alle nicht namhaft gemachten auf der Stelle ruhenden Heimlichkeiten sowohl als öffentlichen Schulden.

§ 5. Die mit der Ausfertigung dieses Contracts und mit der Impretierung der Feste verbundenen Kosten und die königliche ½%ige Steuer zahlt Abnehmer einseitig.

Urkundlich ist vorstehender Überlassungs- und Abnahme-Contract von beiderseitig Contrahenten unter Begebung aller Einreden und Ausflüchte und sub Hypotheca bonorum vom Antreter auch mit Bewilligung zur Protocollation der der Catharina Magdalena Andresen auszuzahlenden Mk 800 und der der Maria Sophia Andresen auszuzahlenden Mk 600 sowie der stipulierten Abnahme und salva approbatrione des königlichen Amtshauses ratione derselben, wohlbedächtig und eigenhändig unterschrieben.

So geschehen in Glücksburg in der königlichen Munkbraruphardesvogtei.

Den 15. October 1846

Jens Andresen

in fidem:

Franz C. Andresen

C. v. Bergen, H. Nissen – J.E.A. Carstens, A. Clausen, Christian A. Joosten, J. Petersen.

Vorstehender Contract wird ratione der darin stipulierten Ab-
nahme hiermittelst von mir, dem p.t. Amtmann approbiert. Auf dem
Amtshause vor Flensburg, den 22. Oktober 1846. v. Warnstedt.

So sehen wir denn, dass Franz Christian Andresen gleichfalls keinen leichten Stand bei Antritt der Hufe hatte. Franz
Christian Andresen ist mein Großvater. Ich habe ihn nicht gekannt, denn er starb 29 Jahre vor meiner Geburt. Dennoch ist
die Kunde von ihm bedeutsam. Sie ist es darum, weil mein Vater eine wenn auch kurze so doch eindrucksvolle schriftliche
Darstellung über das Leben und Wirken dieses Mannes, seines
Vaters, hinterließ. Es hieße diese Arbeit zerstückeln, wollte ich
sie nur auszugsweise wiedergeben. Darum soll sie hier im ge-
nauen Wortlaut folgen.

Mein Vater

> „Des Vaters Segen bauet den
> Kindern Häuser."

Das Lebensbild meines Vaters in kurzen Zügen zu zeichnen, ist
mir unmöglich, weil er in meinem neunten Lebensjahr verstarb
und ich aus eigener Erfahrung darum nur wenig von ihm weiß.
Unsere Mutter hat nur selten mit uns über den Vater geredet
und Aufzeichnungen, Bilder, Photographien von ihm sind
nicht vorhanden. Ich würde vieles darum geben, ein so gutes
Bild von ihm zu haben wie von der Mutter. – Die Vorstellung
von ihm ist mir in jeder Beziehung dunkel, schattenhaft: selbst
die äußere Erscheinung kann ich nicht genau beschreiben.
Deutlicher in der Erinnerung haften allerlei Vorstellungen über
seine vielseitigen und umfangreichen Arbeiten.

In seinem Beruf als Landwirt hat er nach den Verhältnissen seiner Zeit großartig viel geleistet; seine Geschicklichkeit in allerlei handwerksmäßiger Nebenarbeit grenzte ans Künstlerische.

Franz Christian Andresen, zweiter [wohl nicht der zweite Sohn] Sohn des Jens Peter Andresen [Irrtum: Hans Jacob] und seiner Ehefrau geb. Ströh oder Stroeh aus dem Gute Quarnbeck in Holstein, wurde am 20. Juli 1808 [Irrtum: 26.6.1808] geborgen und starb daselbst am 12. März 1865.

Weil der erstgeborene Sohn Peter als Jüngling starb – nach nicht ganz sicher verbürgter Nachricht an einer zehrenden Krankheit – erhielt mein Vater am 24. Juli 1846 [lt. Erdbuch 15.10.1846 gefestet] die Hufe, damals eine sogenannte Festehufe. Er ist also nur 19 Jahre Besitzer gewesen.

Bei Übernahme des Hofes war derselbe verschuldet, in kümmerlichen Zustande, die Gebäude alt und verfallen, das Land in verwahrloster Kultur. Unter den kläglichen Verhältnissen der damaligen Zeit – sämtliche Höfe des Dorfes waren in den 20-40er Jahren des vorigen Jahrhunderts verschuldet und heruntergewirtschaftet – haben meine Eltern durch jahrelange eifrige Arbeit und Anstrengung, durch Sparsamkeit und einfache, genügsame Lebensweise sich emporgearbeitet, die gesamten Gebäude größtenteils neu erbaut und bis auf einige geringe Reste sämtliche Schulden getilgt. Über die Tätigkeit meines Vaters als vielbeschäftigter, arbeitsreicher Landmann habe ich aus meiner Kindheit allerlei Erinnerungen, z.B. von seiner jahrelangen Arbeit des Mergelns und der Drainage. In letzterer hatte er viel Geschick und viel Erfahrung darin gesammelt.

Fast sämtliche Ländereien hat er mergeln lassen mit eigener Arbeitskraft; er selber immer dabei und nicht auf dem leichtesten Posten. Eine vorherige Bemergelung hatte nicht stattgefunden. Unzählig viele laufende Fuß Drainröhren hat er auf seinen Feldern gelegt, bis dahin kannte man die Entwässerung nur durch offene Gräben. Fast auf jedem Landstück gab es öde und brach liegende Stellen, Erhöhungen und sumpfige und moorige Flecke, die durch ihn in Kulturland umgewandelt wurden. Alle unkultivierten Ecken und Winkel in den Koppeln, und deren sind nicht wenige gewesen, wurden zum Anbau hergerichtet. Wiesenstücke entstanden aus niedrig gelegenen Teilen, Heideländereien auf dem sogenannten Heide- und Süderfeld wurden urbar gemacht.

Nach neujähriger Arbeit auf dem Hofe – sicherlich die schwerste Zeit seines Lebens, dazu unter den politischen Wirren der Kriegsjahre 1848–51, war es soweit, an den Um- und Neubau des Gehöfts gehen zu können. Nachdem er längere Zeit vorher die Grundsteine eigenhändig gespalten, granitene Türschwellen gebaut hatte, wurde 1855 das Wohnhaus mit den im Winkel angebauten Wirtschaftsgebäude errichtet und im Jahre darauf erfolgte der Bau der östlichen Scheune mit Abnahmewohnung. Das alte Abnahmehaus, das westwärts an der südlichen Grenze des Hofplatzes lag, konnte nach Fertigstellung der neuen Abnahmewohnung nicht weggerissen werden, weil der alte Großvater aus purem Eigensinn nicht in das neue Haus einziehen wollte. Erst die Gefahr des Zusammenbruchs des alten Gemäuers zwang ihn, es zu verlassen. Er hat einige Jahre mit der Tochter [vielleicht Maria Sophia] darin gewohnt und ist 1861 gestorben.

Viele Arbeiten des ausgedehnten Baus machte er selber. Er war in der Ausführung allerlei, nicht zur Landwirtschaft gehörenden Arbeiten, wie Maurer-, Steinhauer-, Tischler-, Malerarbeiten äußerst geschickt. Er machte des buchstäblich wahr: seine fleißige, tätige Hand baute den Kindern Häuser.

Von der Nebenbeschäftigung meines Vaters in mancherlei Handwerk vermag ich aus eigener Erinnerung einiges zu erzählen. In der Nordostecke des Wohnhauses hatte er eine Klüterkammer – damals „Haurum" genannt – eingerichtet. Die verschiedenartigsten Geräte und Werkzeuge für Tischler-, Drechsler-, Steinhauerarbeit waren hier vorhanden und sind in meinen letzten Knabenjahren auch fleißig von mir gebraucht worden. Sein Werkzeug hielt er stets in gebrauchsfähigem Zustand, verlieh ungern irgendein Stück.

In Winterszeit und an Regentagen, wenn für ihn nicht notwenige landwirtschaftliche Arbeiten vorlagen, war mein Vater hier zu finden. Manchen Tag und manche Stunde verbrachte er bei Holz- u. Drechslerarbeit. Aus meinem 6.–7. Lebensjahre erinnere ich, dass er seine Werkstatt nach dem leer stehenden Abnahmehaus verlegte, weil er hier bei starker Kälte im geheizten Raum arbeiten konnte. In der Stube nebenan war das Obstlager, weshalb wir gerne zu ihm hinausgingen. Mich trieb auch das Interesse für seine Arbeit, und so ist wohl damals in frühen Knabenjahren der Grund gelegt worden zu meinem Interesse für Handfertigkeit. Sicherlich habe ich die Veranlagung für allerlei Kunst- und Handgriffe meinem Vater zu verdanken.

In jenen Zeiten gab es unter den Haus- und Feldarbeiten nicht so viel Metallgeschirr wie heute. Die meisten Geräte wurden aus Holz angefertigt. Milchgeschirre wie Eimer, Milchbütten waren aus Holz. Wir haben als Kinder aus dem hölzernen Bierkrug getrunken und mit hölzernen Löffeln gegessen, die der Vater aus Flieder- und Spindelbaumholz machte. Messing- u. Kupfergeschirr hatten wir verhältnismäßig wenig.

Als sparsamer Land- u. Hauswirt hatte mein Vater den Grundsatz: alles Gerät und Geschirr für den häuslichen und landwirtschaftlichen Betrieb selber herzustellen, so weit ihm solches möglich war. Damit sparte er viel Geld. Er verfertigte allerlei Möbel, auch besserer Art, denn er verstand auch feinere Arbeiten der Möbeltischler, wie Leimen, Polieren, Fournieren. Wir haben noch heute eine Kommode von ihm mit Mahagoni-Fournier, seinen in derselben Art angefertigten Tabakskasten habe ich 1909 aus dem Nachlass der Schwester erhalten. Er reparierte die verschiedenartigsten Gebrauchsgegenstände, wie z.B. auch das Stein- und Porzellangut, Teller, Schüsseln, Tassen, Töpfe wurden mit Messing oder Kupferdraht zusammengenietet und der altegekrümmte „Rotgeter [Rotgiesser] aus Windloch"[47] hatte bei uns keinen Verdienst, solange mein Vater lebte.

Er machte Haken, Schaufeln, Tröge, Kisten und Kasten. Manche Teile an Wagen, Pflügen, Eggen und Pferdegeschirr; er zimmerte Türen, Fenster, Hecktore, Stakette, deren Pfähle er aus Granitsteinen baute, die noch heutzutage in der ehemaligen Heimat zu finden sind. Er war Sattler, Glaser, Maler, Rad- und Pumpenmacher, Böttcher, Schlachter für sein Haus und seinen Hof, alles in einer Person. Nur Schuster und Schneider ist er nicht gewesen, jedenfalls habe ich darüber keine Erfahrung noch Nachricht.

Dass der die Einrichtungen zum Schmieden sich nicht schaffen konnte, soll er bedauert haben, andernfalls hatte er auch – daran zweifle ich keineswegs – gelernt, seine eigenen Pferde zu beschlagen. Etwas Obstbau und Imkerei betrieb er auch, doch in geringem Maße.

Damals war noch der Flachsanbau in unserer Landschaft heimisch. Die vielfachen Geräte (Flachstrecker, Schwingmaschine, Schwingbretter, Hecheln), die zur privaten Verarbeitung des Flachses nötig sind, hatte mein Vater alle selber gemacht. Er lieh solches nicht vom Nachbarn, sondern hatte sich in solchen Dingen selbständig und unabhängig gemacht.

Einzelne besondere Züge aus seiner Tätigkeit mögen seine Art und sein Wesen genauer charakterisieren.

In seinen ersten Wirtschaftsjahren musste das Vieh den ganzen Winter hindurch täglich mehrmals zur Tränke nach dem ca. 100 m entfernten Teich getrieben werden. Diesem zeitraubenden Notstande abzuhelfen, grub er im Kuhstall einen Brunnen. Als derselbe nicht genügend Wasser lieferte, besonders in

---

[47] Fahrende Händler, die überwiegend mit Messingprodukten übers Land zogen

den sehr trockenen Jahren 1857, 58 und 59 legte er Anfang der 60er Jahre eine Wasserleitung von dem Teich nach dem Stall, deren Anlage aber ungemeine Schwierigkeiten bot, weil das Gelände gegen das Gehöft hin bedeutend steigt. Eine direkte Röhrenleitung zu machen, war unmöglich. Nach mancherlei Plänen brachte er schließlich die Leitung zustande, allerdings mit viel Mühe und Arbeit. Etwa auf der Hälfte der Entfernung grub er einen Brunnen, in den das Wasser aus dem Teich hineinfloss. Von der Pumpe dieses Brunnens führte eine zweite Leitung in den Stallbrunnen, deren Einführung unter den Mauern des Gebäudes eine Tiefe von 2–3facher Mannshöhe hatte. Bei eintretenden Verstopfungen in den Röhren war es eine schwierige Arbeit, die Leitung wieder instand zu setzen. Das Wasser musste also zweimal gepumpt werden. Wir Kinder mussten oft an der Pumpe in der Koppel so und so viele Hunderte Kolbenschläge machen, eine wenig beliebte Arbeit. – Von dem Stallbrunnen floss das Wasser durch eine Leitung nach dem Brunnen auf dem Hofplatze, wenn der Wasserstand in ersterem eine gewisse Höhe erreicht hatte. – Die Ausführung dieser Anlage wurde von manchen Leuten, wie ich deutlich erinnere, viel besprochen; sie war jedenfalls ein Beweis seiner Spekulation und seiner unermüdlichen Arbeitskraft. – Von dem nachfolgenden Besitzer ist sie nicht in Ordnung gehalten und darum mit der Zeit verfallen.

Dass er zuweilen sich zu viel zutraute und sein Spürsinn und seine Geschicklichkeit ihn im Stich ließ, habe ich mit erlebt, als er einen großen ovalen Bottich zur Aufnahme von Schlempe herstellen wollte. – Allwöchentlich wurde ein- oder zweimal eine Fuhre nach Flensburg gemacht, um aus der dortigen Branntweinbrennerei die flüssigen Abfallstoffe (Treber und Spülicht – darum plattdeutsch „Spöl" genannt) in großen Fässern zu holen, die zur Kuhfütterung gebraucht wurden. Zur Aufnahme und Abkühlung der kochend heißen Schlempe sollte genannte große Balje dienen, die ca. 2 m lang 11/4 m breit und hoch war. Dauben, Boden, Reifen waren fertig. Als es aber zum Zusammenfügen ging, da wollte die Sache nicht klappen. Er arbeitete lange an seinem Bottich und ich erinnere nicht mehr, wie er sein Werk fertig brachte, ob durch eigene Kraft oder durch Mithilfe eines Böttchers. Sein Fabrikat hat aber viele Jahre hindurch zu oben genannten Zweck gedient.

Wenn ich versuche, seinen Charakter in wenigen Strichen zu zeichnen, so stehe ich bei diesem Versuch auf unsicherem, schwankenden Boden. Nur einzelne sichere Grundlagen dafür habe ich aus eigenen Erlebnissen, fürs meiste muss ich auf Überlieferungen mich beziehen.

Eine stark hervortretende Eigenschaft seines Charakters – vielleicht diejenige, durch welche er einerseits Respekt und Ansehen sich verschaffte, andererseits aber auch bei Verwandten und Bekannten Feinde sich erwarb, war sein heftiges, hitziges, aufbrausendes Wesen, ein Charakterzug, von dem seine Nachkommen mehr oder weniger auch ihr Teil geerbt haben. Unsere Mutter hat in späteren Jahren, ohne genaue Vorfälle zu nennen, von seinem heißen Temperament gesprochen. So konnte er z.B. sehr aufbrausen, wenn jemand ihn mit seinem Zunamen Franz „Buer" bezeichnete. Ob diese Bezeichnung von den Vorfahren ererbt oder speziell ihm wegen seiner Regsamkeit und Tätigkeit als Landmann beigelegt wurde, kann ich nicht bestimmen. War Letzteres der Fall, so war das, was er als Schimpfname ansah, doch nicht anders als ein Ehrenname. Weil ich seinen Vornamen als dritter Sohn erhielt, habe ich seinen Zunamen als Schimpfwort tragen müssen und war selbstverständlich auf Grund der Familienansicht über die entstehende Bezeichnung stets empört. Selbst als Lehrer in der Heimat trat das Vorurteil der Leute mir entgegen, ich sollte wegen des vermutlich ererbten Temperaments meines Vaters als Lehrer untauglich sein.

Wahrscheinlich war auch sein aufbrausendes Wesen die Ursache zu dem Zerwürfnis mit seinen nächsten Verwandten.

Das Verhältnis zu seinem Vater (wenigstens in den letzten Jahren des Letzteren), zu seinem einzigen Bruder, zu seiner Schwester und deren Mann war vollständig gestört. Zwar weiß ich nicht, auf wessen Seite die Schuld lag. Er hatte mit ihnen keinen Umgang, und wir mussten als Kinder uns von ihnen fernhalten.

Mit Vorstehendem soll keineswegs gesagt sein, dass er ein abstoßendes oder unfreundliches Wesen hatte. Unsere Mutter, die in den Jahren, als die Kinder klein waren, einen besonders schweren Posten hatte, erzählte, wie der Vater oftmals, wenn er müde und voll Schweiß von der Feldarbeit heimkehrte, sofort ihr half und ihr das kleinste Kind abnahm, damit sie ungestört ihre Arbeit ausrichten konnte. Kinderlieb ist er gewesen, nahm uns oft mit bei seiner Arbeit, wenn die angängig war, wies uns frühzeitig an, die Hände zu gebrauchen und machte uns manche Freude. Aber er hielt streng auf Gehorsam und wehe dem, der nicht folgte. Dann konnte er sehr hart werden. In der Darstellung meiner ersten Kindheitsjahre werde ich Proben seiner Erziehungsmethode aufzeichnen.

Manche seiner Eigenschaften sind in der Beschreibung seiner vielseitigen Tätigkeit bereits genannt worden. Von seiner Stellung zum dänischen Regiment von seiner Treue gegen Heimat und Vaterland wird später gelegentlich die Darstellung des Krieges von 1864 auf mein Jugendleben die Rede sein.

Sein rechtlicher Sinn, seines bestimmtes und ernstes Wesen, seine Zuverlässigkeit und Ehrenhaftigkeit sicherten ihm in der Gemeinde eine solche Stellung, dass er für die Verwaltung öffentlicher Ämter gewählt wurde. Es war jahrelang Kirchenjurat (damaliger Name für die Mitglieder des Kirchenkollegiums). Aus meinen ersten Knabenjahren erinnere ich, wie er monatlich einmal als sogenannter „Achtmann" zu den Sitzungen des Armenkollegiums ging (Acht Männer der Gemeinde bildeten mit dem Geistlichen als Vorsitzenden des Armenwesens eine bedeutende Arbeit, denn es gab viele Arme und mittelbare Leute, auch zahlreiche Familien, die eine Unterstützung aus öffentlichen Mitteln beantragten und erhielten. Das Armenhaus war zu Zeiten überfüllt. Da gab´s für die Verwaltung viel zu ordnen und zu regeln, viel Unzufriedenheit, Zank und Streit unter den Insassen auszugleichen.

Sein starkes Gefühl für Gerechtigkeit beweist folgendes Vorkommnis. – Im Kriege 1864 wurde sein bestes Gespann Anfang Februar zu einer Kriegsfuhre mitgenommen und kam auf der Retirade [Rückzug] durch Sundevitt mit nach Düppel und Alsen. Mehrere andere Gespanne aus dem Dorfe kamen bald wieder zurück, dagegen blieb Klaus 5 Monate verschollen. Mein Vater zweifelte schon an der Wiederkehr als eines vormittags in den ersten Julitagen der gute Klaus und zwei zu Mähren abgemagerten Pferden samt zerrissenem Geschirr, er selber zerplumpt und mit allerlei hässlichem Getier beladen, aus dem Kriegsschauplatz zu unserer aller Freude heimkehrte. Die Eroberung der Insel durch die Preußen am 29. Juni hatte auch ihm die Freiheit gebracht und er kam als treuer Knecht wieder, aber ohne Wagen. Nach Angabe des Kutschers sei ihm dieser auf Sundevitt abhanden gekommen.

Weil er ganz neu und darum für meinen Vater wertvoll war, setzte er alles daran, wieder in Besitz desselben zu gelangen. Er wandte sich an Traindepots und Fuhrparks der preußischen Armee, zog überall Erkundigungen ein, machte tagelange Reisen, so z.B. nach Wellsprang, nach Arnis, immer vergebens. Er fand genug herrenlose Wagen, gute und schlechte, den seinigen traf er nirgends. Seine Nachbarn sagten ihm, er möge doch als Ersatz einen gleichwertigen aus den bereisten Fuhrparks mitnehmen. Das lehnte er ab wegen seiner Rechtlichkeit und Ehrlichkeit und er hat sein Eigentum nie erhalten. Doch war dieser Verlust nicht sein größtes Opfer an den Kriegsgott.

Trotz der vielseitigen Beschäftigung hatte mein Vater einen lebhaften Trieb für geistige Fortbildung. Eine Zeitung gab es nicht, das papierene Zeitalter war noch nicht in die Einsamkeit des

Landlebens eingetreten. Jedoch wusste er allerlei Bücher und Lesestoff sich zu verschaffen. Ein Onkel meiner Mutter, früher Lehrer gewesen, versorgte seine gesamte Familie mit Büchern; er hatte viel der damaligen Unterhaltungsliteratur. Bei einem Buchhändler in Flensburg kaufte mein Vater antiquarisch illustrierte Zeitschriften, Volkskalender und dergleichen, die an Lesestoff manch schönes enthielten, wie mir scheinen will, in besserer Auswahl als manche Zeitschriften unserer Zeit. „Illustrierte Blätter", „Pfenning Magazin" u.a. brachten auch geschichtliche und naturhistorische Abhandlungen, für die mein Vater sich sehr interessierte. Bisweilen las er auch vor.

Große Aufmerksamkeit wandte er neuen Erfindungen zu. Frau und Töchtern gegenüber redete er oft von einer Maschine zum Nähen und Stricken. Als die ersten landwirtschaftlichen Maschinen in den Handel eingeführt wurden, war er der erste im Dorfe, der eine Hächselschneidemaschine anschaffte.

Das war ein Fortschritt gegen die alte Hächsellade. Ich erinnere dunkel, wie die erste Petroleumlampe der zahlreichen Familie leuchtete und die selbst gegossenen Talglichter und „Prasen" (dünne Lichte aus minderwertigem Talg) fortan nur in Küche und Keller gebraucht wurden. Hätte mein Vater die heutige Betriebsweise der Landwirtschaft in ihrer ausgedehnten Benutzung der Maschinenkraft erlebt, er wäre dafür sehr begeistert gewesen.

Das Lebensbild meines Vaters schließe ich mit einer kurzen Angabe über sein schnelles unerwartetes Ende. Das Kriegsjahr 1864 hat nach meiner Mutmaßung ihm das Ende bereitet. Die landwirtschaftliche Arbeit im Frühjahr und Sommer dieses Jahres wurde behindert durch die Einquartierungslast, erschwert durch die Abwesenheit eines Gespanns samt Knecht, so dass er den ganzen Betrieb mit vermindertem Dienstpersonal und 2 Pferden machen musste.

Er hat sich im letzten Lebensjahr überarbeitet, war er doch aus den besten Mannesjahren hinaus. Dazu kam eine körperliche Eigenschaft, die seine Kraft vielleicht schwächte, nämlich das übermächtige Schwitzen und als Folge davon der starke Durst. Sein Körper wird nicht kräftig genug gewesen sein, die starke Fieberhitze zu ertragen. Er erkrankte Anfang März 1865 an Lungenentzündung und starb nach achttägigem Krankenlager am 12. März, wenn ich recht erinnere, am 2. Fastensonntag, Reminiscere.

Welch ein trüber Tag für die Familie war sein Beerdigungstag! Wie niedergebeugt folgte unsere Mutter dem Sarge, der die starke Stütze des Hauses ihr entführte! Mit sieben Kindern im Alter von 5-17 Jahren stand sie nun allein, den Kampf des Lebens fortzusetzen. Ihr Glaube und ihr Gottvertrauen hielt sie im herben Leid und Weh leidlich aufrecht; doch waren von dem Tage an die Sonne unseres Jugendlebens gar oft verhüllt, verdeckt und verdunkelt.

Namenszug

Dieses Lebensbild meines Vaters schrieb mein Vater, Franz Andresen, nieder im Jahre 1920, ein Jahr vor seinem eigenen Tode. Ich habe ihm nichts Wesentliches hinzuzufügen, es sei denn dies, dass ich vor nicht langer Zeit einen Alten aus dem Dorfe Ulstrup sprach, der meinen Großvater noch gut in der Erinnerung hatte. Der Achtzigjährige bestätigte mir, dass der alte „Franz Buer" „en egen Kopp gewesen wer – dat he op sin Krankenlager ken Doktor hem wull und ganz blau in de Kopp wer, as he sturv."

So ist mir denn von diesem Vorfahren erstmalig sichere Kunde erhalten und – was das wesentliche – ein einwandfreies, klares und in allen Teilen eindrucksvolles Bild seines Wesens ist damit der Nachwelt überliefert. Aus dieser Gestalt treten zum ersten Male die Eigenschaften hervor, die aus dem Weeser Stamm heraus unsere Familie in der Folge durchziehen. In Übereinstimmung mit meinem Vater bedaure auch ich es, dass von der äußeren Gestalt dieses Vorfahren nichts erhalten ist. Doch bin ich aus Rückschlüssen von Kindern und Kindeskindern nicht im Zweifel, dass mein Großvater Franz Christian Andresen eher einen gedrungenen, breiten Körper gehabt hat als einen schlanken und schmächtigen. Er wird der Typ eines echten Bewohners der Landschaft Angeln gewesen sein.

Die Hufe in Wees – erbaut 1835

Hier folgt die Kirchenbucheintragung über seinen Tod im Totenregister der Gemeinde Munkbrarup:

Reg No.	Todestag	Tag des Begräbnisses
15	12.3.1865	18.3.1865

Der Ehemann Franz Christian Andresen, Hufner in Wees, ein eheli-cher Sohn der verstorbenen Eheleute Jens Andresen un der Dorothea Catharina geb. Strom, geb. den 26.6.1808. Aus dieser Ehe stammen 7 Kinder, die sämtlich am Leben sind, nämlich 1.) Jenst Peter, 2.) Marie Dorothea, 3.) Nikolaus, 4.) Dorothea Catharina, 5.) Franz, 6.) Hans Heinrich, 7.) Fritz.
Alter des Verstorbenen 56 Jahre 8 Monate.

Im gleichen Jahr der Übernahme der Hufe heiratete Franz Christian Andresen die um 11 Jahre jüngere Anna Catharina Simonsen, zweite Tochter des Hufners Claus Simonsen aus Ausackerholz und seiner Frau Maria Dorothea Matzen aus Markerup, beide Orte gehören zum Kirchspiel Husby.

Ehe ich nun dazu übergehe, das Lebensbild der Großmutter zu schreiben, möge an dieser Stelle die Abschrift von der kir-chenbuchamtlichen Eintragung der zwischen den Großeltern geschlossenen Ehe erfolgen. Sie wird in ihrer Ausführlichkeit bis zu den Daten der Impfungen nicht ohne Interesse.

Auszug aus dem Copulations-Protokoll der Kirchenge-meinde Munkbrarup

Reg No.	Tag der Eheschließung
7	24.7.1846

Franz Christian Andresen in Wees, des Hufners daselbst Jens Andresen und seiner verstorbenen Frau Dorothea Catharina geb. Storm von Quarnbeck ehelicher Sohn mit Anna Catharina Siemonsen

in Ausackerholz, des verstorbenen Claus Siemonsen weil Hufners da-
selbst und seiner Frau Maria Dorothea geb. Matzen eheliche Tochter.
Der Bräutigam hat produciiert einen Vaccinationsschein Flensburg
d. 18. Mai 1846 Esmarch, und ist in den hiesigen Kirchenbüchern
geboren 26.6.1808, getauft 3.7. und conf. 25.4.1824 – Die Braut hat
producieert 1.) einen Aeglebrief Husbuye d.10.7.1846 L. Siemonsen
(geb. 18.12.1819 get. 23.12. und conf. D. Palm. 1835. 2.) einen Vac-
cinationsschein Flensburg 31.12.1822 Dr. Chemmitz.

Die Ehefrau von Franz Christian war Anna Catharina Simonsen, geboren am 18.12.1819 in Ausackerholz und gestorben
am 4.12.1907 in Wees. Ihre Eltern waren der Hufner Claus Simonsen und Maria Dorothea, geb. Matzen.

Anna Catharina Andresen, geb. Simonsen, mit ihren Söhnen Fritz
(links) und Franz (rechts). Foto: Archiv Andresen

Mit dieser, meiner Großmutter väterlicherseits tritt mir zum ersten Male aus der Kette meiner Ahnen ein Mensch entgegen, den ich persönlich sehr gut gekannt habe. Als meine Großmutter im Jahre 1907 starb, stand ich im 13. Lebensjahre. Meine Erinnerungen an sie sind daher sehr lebhaft, zumal unser Vater sehr an seiner Mutter hing und darum auch seine Familie immer wieder in ihr Haus führte. Es wäre daher nicht nur ungerecht, sondern auch falsch, wollte ich an dieser Stelle zuerst meine Eindrücke von dieser Frau niederschreiben und nicht meinen Vater, dem eigenen Sohn den Vorrang lassen. Wenn ich wieder und wieder die Zeilen lese, die mein Vater im Jahre 1920 sowohl über seinen Vater wie seine Mutter geschrieben mit der Absicht, an dem Werk weiterzuarbeiten und am Ende eine Selbstbiographie niederzulegen, kann ich mich von dem Gefühl nicht befreien, dass er es tat, weil er sein nahes Ende fühlte. Diese Darstellungen sind darum auch in gewisser Kürze gehalten – als drängten sie dazu. Aber gerade in ihrer Kürze liegt ihre Schönheit, Klarheit und – weil sie mit der Herzenswärme des dankbaren Alters geschrieben – ihre tiefe Eindruckskraft. Hier folge die Abschrift aus dem Nachlass des Vaters:

Meine Mutter

Wenn Du noch eine Mutter hast, so danke Gott und sei zufrieden, nicht allen auf dem Erdenreich ist dieses hohe Los beschieden.
Wenn Du noch eine Mutter hast, so sollst Du sie mit Liebe pflegen, dass sie dereinst ihr müdes Haupt in Frieden kann zur Ruhe legen.
    F. W. Kaulisch

Ist mir mein Vater frühzeitig genommen worden, so habe ich dagegen den Vorrang gehabt, die Mutter bis in mein 52. Lebensjahr behalten zu dürfen. Wenige Einflüsse im Leben sind wohl so eindringlich und nachhaltig wirksam, als die Segnungen einer treu sorgenden Mutter. Darum ist mir immer eine lebhafte Anerkennung treuer Mutterliebe eigen geblieben und an manchen Särgen tüchtiger und treuer Mütter habe ich den Wert und die Aufopferung edler Mutterliebe rühmend hervorgehoben.

Im Kirchspiel Husby, südlich von dem Dorfe Ausacker, liegt zwischen Waldstücken zerstreut und weitläufig gebaut das kleine Dorf Ausackerholz. Auf einer dortigen Kate ist meine Mutter am 18. Dezember 1819 geboren worden. Ihre Eltern hießen Claus Simonsen und Maria Dorothea Simonsen. Letztere ist 1862 gestorben [Irrtum: 9.3.1861]. Sie stammte von einer Hufe in Markerup, die im Besitze der Familie Matzen war. Ein Enkel ihres Bruders, des damaligen Hufenbesitzers, lebt in Husby; er hat die heimatliche Hufe veräußert. Ein Bruder der Großmutter, Nicolaus Matzen, war Lehrer in Rüde, später Landmann in Brunsbüll [Er starb zu Brunsbüll am 28. Mai 1873].

Die Kleinbauern des Dorfes beschäftigten sich, wie meine Mutter erzählte, viel mit Holzarbeit, wozu der Wald ihnen reichlich Veranlassung bot. Der Großvater der Mutter ist der Dichter eines aus 52 achtzeiligen Strophen bestehenden Gedichts, betitelt „Das neue Jerusalem", eine phantastische Beschreibung der gedachten Vorgänge nach dem Tode. Eine aufrichtige Herzensfrömmigkeit redet aus dem Gedicht, von dessen Strophen meine Mutter manche auswendig konnte.

Der Verfasser war auch Holzarbeiter und manche Strophen sind bei der Arbeit an der Schnitzbank entstanden. Das Gedicht liegt mir in Abschrift und im Druck vor.[48]

Meine Mutter erinnerte aus ihrer Jugendzeit, dass die Kätner ihres Walddorfes die Erzeugnisse selber verhandelten durch Hausieren. Wenn im zeitigen Frühjahr die Sonne höher kam,

---

[48] Im Bd. 1 von Theodor Andresen, Die Familie Andresen, innenliegend

forderte der eine Nachbar den anderen auf, auf den Handel zu gehen. Sie hatte dafür in ihrem Angler Plattdänisch einen eigenen Ausdruck, den ich leider vergessen habe. Sie sammelten die Fabrikate vom letzten Winter zusammen, taten sich aneinander in kleinen Gruppen und dann ging es meilenweit hinaus, meistens nach Westen in die holzarmen Gegenden bis an die Grenze der Marsch. Sie blieben tage- und wochenlang fort, führten ein bescheidenes und genügsames Leben auf der Reise, um die kärglichen Einkünfte ihres Katenbesitzes alljährlich zu vermehren.

In einfachen Verhältnissen, am weltfernen Orte ist meine Mutter aufgewachsen. Sie hatte nur eine um wenig Jahre ältere Schwester, die später die zu einer halben Hufe erweiterte Kate erbte. Sie verheiratete sich mit Asmus Brodersen und starb, 32 Jahre alt [?], an Schwindsucht ohne Erben zu hinterlassen. Nach den Angaben meiner Mutter muss sie geistig hervorragend begabt gewesen sein. Von meiner Großmutter erinnere ich so viel, dass ich als 5 oder 6-jähriger Knabe bei ihr auf der Abnahme gewesen bin; meine älteren Geschwister sind dann und wann zu Fuß von Wees dorthin gepilgert, etwa 3 Stunden Wegs.

In der Jugendzeit meiner Mutter befand sich in Ausackerholz eine kleine Schule. Einen nachhaltigen Einfluss auf ihre geistige Entwicklung hatte ein junger Lehrer der dortigen Schule. Er hieß Markus Schlichting, war eben vom Seminar entlassen und erhielt seine erste Anstellung. Eine Wohnung im Schulhause gab's nicht, der Lehrer musste bei den Bewohnern seines Dorfes Unterkunft suchen. Als er mit seinem gesammelten Hab und Gut in einen Koffer verpackt, in A. ankam, soll er gesagt haben: „In dieser Kiste ist alles, was der liebe Gott weiß und nicht weiß."

Blicke nach Zion!
Eine schwache Abbildung und Vorstellung
Vom neuen und himmlischen Jerusalem.
Hamburg 1868

Blicke nach Zion 1868. Foto: Archiv Andresen

51.10

O könnt ich hier für Jedermann
Mich jetzo recht ausdrücken! –
Der Vorhang ward hinweggetan
O himmlisches Entzücken! –
Ich sahe in das heilge Licht, -
O unerhörte Wonne! –
Ich sahe ihn von Angesicht
In seiner Strahlenkrone.

Er fand Unterkommen in der Familie Gondernsen, die mit der Familie meiner Mutter verwandt war, weshalb letztere mit ihrem Lehrer mehr in Beziehung kam.

Lehrer Schlichting muss schon in den ersten Jahren seiner Amtszeit ein tüchtiger und eifriger Lehrer gewesen sein, denn meine Mutter hatte nach damaligen Verhältnissen recht viel gelernt, verhältnismäßig eine bessere Schulbildung bekommen als einige ihrer Kinder.

Noch in alten Jahren las sie gut, schrieb ziemlich richtig und bewahrte sich über 70 Jahre hinweg eine fließende, deutliche, für ihr Alter sogar schöne Handschrift. Sie gehörte zu den wichtigsten und befähigsten Schülerinnen, und sie bedauerte es, dass sie ihren Lehrer nicht bis zur Konfirmation behalten habe, dann hätte sie viel mehr lernen können. – Lehrer Sch. holte sich auch die Frau aus Angeln. Nach seinem Weggange nach Kiel heiratete er die Cousine meiner Mutter, Gretchen Gondersen, seine ehemalige Schülerin. Eine jüngere kleinere Schwester von ihr, die bei einer Besuchsreise der Eltern nach Kiel mitreisen wollte, äußerte ihren Wunsch, in verbessertem Hochdeutsch mit den Worten: „Ich will nach Keil zu Gretchen." Schlichting hat nach dem Tode Gretchens die zweite Cousine meiner Mutter geheiratet und wenn ich nicht irre, später auch die dritte. Er ist in Kiel und in der schleswig-holsteinischen Lehrerwelt eine angesehene Persönlichkeit gewesen. An der Reorganisation des Kieler Volksschulwesens in den [18]70er Jahren hat er hervorragenden Anteil genommen und auch verschiedene Bücher geographischen, chemischen und naturkundlichen Inhalts verfasst.

Nach seinem Fortgang von A. wurde die Schule aufgehoben und mit Ausacker zu einem Schuldistrikt vereinigt. In dem südlich von Ausacker erbauten neuen Schulhause hat meine Mutter die letzten Jahre die Schule besucht. Doch brachte ihr der Unterricht in der neuen Schule nicht die Förderung, die sie vordem gehabt hatte.

Die Mutter hatte ein starkes religiöses Gefühl, wahrscheinlich genährt und gefestigt durch Anschauung, Lebensart, Sitten
und Gebräuche ihres Lebenskreises. Liederverse, Sprüche
wusste sie eine ansehnliche Zahl, auch in späteren Lebensjah-
ren. Dabei fällt allerdings ins Gewicht, dass sie fortgehend Er-
bauungsbücher gebrauchte. Nach dem Tode des Vaters ist die
Erziehung von fünf Knaben sicherlich nicht leicht gewesen, sie
trieb uns manchmal zum Guten unter Ausführung eines Bibel-
spruches. Wie ich vermute, ist der Grund zu ihrer aufrichtigen,
religiösen Denkensart in ihren Jugendjahren gelegt worden. Bei
der Verwandtschaft des Vaters lässt der Zug zum Religiösen
nicht nachweisen.

Husby

Über die Mädchenjahre meiner Mutter weiß ich nur zu berichten, dass sie meistens im Hause ihrer Eltern gewesen ist. Zwei Jahre hat sie eine dienstliche Stellung auf einem Hofe in Flatzby inne gehabt. Während der Jahre ihres Aufenthalts bei ihren Eltern trat die Krankheit und der Tod ihrer verheirateten Schwester ein. – Wenn ich recht erinnere, hielt sich mein Vater eine Zeitlang in Ausackerholz auf, um in der Holzarbeit sich zu vervollkommnen. Ob er damals schon verlobt war oder die Verlobung eine Folge seines dortigen Aufenthalts war, vermag ich nicht anzugeben.

Welche Umstände es veranlasst haben, dass mein Vater erst im 39. Lebensjahre sich verheiratete, habe ich von meiner Mutter nicht erfahren; möglich, dass der Alte die Hufe nicht hat abgeben wollen. Meine Mutter stand bei ihrer Eheschließung im 27. Lebensjahre.

Am 24. Juli 1846 fand in Wees die Hochzeit statt, an der die gesamte Verwandtschaft teilnahm. Die Vettern und Cousinen der Mutter mit ihren Familien waren auch geladen. Noch erhaltene Hochzeitsgeschenke wie silberne Löffel, von denen mehrere in unserem Besitz sind, zeigen die Namen einiger Hochzeitsgäste. Der Brautschatz, den meine Mutter in die Ehe brachte, war nicht gerade umfangreich, doch waren einige darunter von besonderem Wert. Wir besitzen davon in nennenswerten Familienstücken:

1. eine Standuhr aus Cedernholz vom Jahre 1816, die die Großmutter Maria Dorothea Matzen aus Markerup als Brautgabe erhalten hat. Sie ist ein wertvolles Meisterwerk der alten Angler Uhrmacherkunst, von Dietrich Schwarck in Südensee hergestellt. Nach dem Tode der Mutter kam sie 1908 in unseren Besitz, wurde in ihrem alten Stil renoviert, weil mehrere Holzteile, namentlich die aus Eschenholz gearbeiteten Füllungen, vom

Wurm zerfressen waren. Das Werk ist nach reichlich 90 Jahren noch gut und kann viele Jahre die Zeit verkünden.[49]

2. eine alte eicherne, mit schönem durchbrochenem Eisenbeschlag versehene Kiste, leider ohne Angabe des Alters, jedenfalls auch ein Erbstück meiner Mutter von ihrer Mutter.

3. eine kleine eicherne Kiste mit Eisenbeschlag, doch nicht von der gleichen Kunstfertigkeit.[50]

4. verschiedene silberne Löffel, einer vom Jahre 1816, wahrscheinlich eine Hochzeitsgabe des Lehrers N. Matzen an seine Schwester.[51]

5. mehrere alte Porzellansachen, darunter einen wertvollen Rahmguss[52]

---

[49] Zur Hochzeit erhielt Theodor Andresen die Uhr, die in seiner Wohnung in der Jürgensgaader Straße 25 (Flensburg) bis zum Tode seiner Frau, Metta Marie Andresen, geb. Rick, stand. Nachdem seine Schwester, Anna Andresen, aus der Wohnung auszog und die Wohnung aufgegeben wurde, kam die Uhr an seinen Sohn, Helge Andresen, Kopenhagen. Dieser vererbte sie noch vor seinem Tode 1978 an seine Tochter Tina. Bis heute ist die Uhr also in Familienbesitz. Nachdem noch in Flensburg mit einem lauten Knall das alte Uhrgehänge herunterfiel, wurde ein neues Gehänge eingebaut; eine weitere Renovierung erfolgte in jüngerer Zeit. Heute fehlen wieder einige der Eschenholzfüllungen in den Zierleisten.

[50] Die Truhen befanden sich 1935 im Besitz von Marie u. Anna Andresen, Brunsbüttelkoog, und meines Bruders Peter Andresen, Munkrarup. Nach dem Tode von Marie Andresen 1939 zog Anna Andresen in die Wohnung ihres Bruders nach Flensburg und brachte die Truhe mit. Ich habe diese noch auf dem Dachboden ihrer letzten Wohnung in der Halckettstraße in Flensburg gesehen. Sie hat die braune Holztruhe vor ihrem Tode am 15.10.1975 verkauft. Der Verbleib der kleineren Eichenkiste ist unbekannt.

[51] Claus Simonsen, 1819. Der Löffel ist heute in meinem Besitz, D.M.

[52] dieser befand sich noch im Besitz von Theodor Andresen, Verbleib unbekannt.

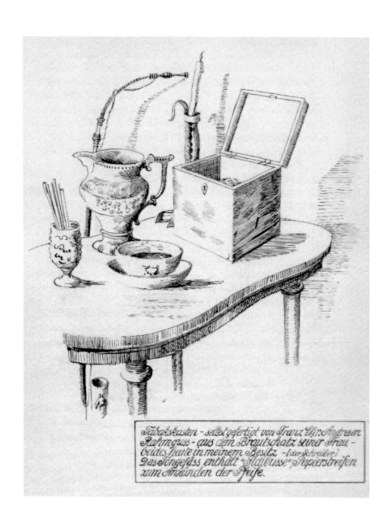

Tabakskasten - selbst gefertigt von Franz Chr. Andresen
Rahmguss - aus dem Brautschatz seiner Frau -
beides heute in meinem Besitz - (der Schreiber)
Das Tongefäss enthält "Stabtüsse" Papierstreifen
zum Anzünden der Pfeife.

Für meine Mutter kam in ihrem neuen Wirkungskreise eine arbeitsreiche und anstrengende Zeit. Welche Verhältnisse bei ihrem Einzug in Wees obwalteten, ist in der Beschreibung des Lebensganges meines Vaters dargestellt worden. Nicht leicht für sie war es, mit dem Großvater und den Geschwistern ihres Mannes umzugehen, die verwandtschaftlichen Verhältnisse waren für sie eine Quelle fortgehender Verdrießlichkeiten. Bald kam die unruhige Zeit des Krieges 1848–50, die mit allerlei Kriegslast und Einquartierung auch der Mutter und ihrem Hauswesen besondere Aufgaben auflegte. Daneben war sie auch in der Landwirtschaft tätig. Sie erzählte von dieser Zeit: „Wenn im Sommer der Vater mit den Knechten auf dem Felde beschäftigt war, so war ich im Hause ganz allein und musste alle Arbeiten eigenhändig beseitigen. Als die Kinder klein waren, hatte ich es zu Zeiten sehr sauer; ein Kindermädchen wurde nicht gehalten. Neben dem Essenkochen musste ich Kinder hüten, Schweine und Kälber füttern, zuweilen Kühe tüdern, abends nach dem Felde zum Melken, und ich weiß nicht, wie ich das damals alles fertig brachte." Eine nie ermüdende fleißige Bäuerin ist die Mutter gewesen. [es folgt die Aufzählung der 7 Kinder]

WITWE ANNA CATHARINA ANDRESEN
1865 – 1873

Nach dem Tode des Vaters hat die Mutter den Hof noch reichlich acht Jahre bewirtschaftet, bis zum Herbst 1873. Sie hielt zur Führung des landwirtschaftlichen Betriebes ältere Verwalter, zuerst einen Verwandten aus Hürup. Nachher versuchte sie es mit ihrem ältesten Sohn, der nach Erlangung der Mündigkeit den Hof von der Mutter verlangte und durch Vermittlung des Gerichts erhielt, weil der Vater kein Testament hinterlassen hatte. Freilich hätte sie den Besitz gerne behalten bis die letzten Kinder der Schule entwachsen wären, aber sie musste sich auf Antrag des Erstgeborenen aufs Altenteil setzen lassen. Weil der Besitz eine Festehufe war, lagen die Erbverhältnisse anders als heutzutage. [1920] Der unerwartete plötzliche Abtritt von ihrem Wirken fiel ihr sehr schwer, sie hat viel darüber gesorgt und geseufzt.

Während der Zeit, dass sie allein wirtschaftete, brachte sie das Besitztum verhältnismäßig gut vorwärts, was ihr umso eher möglich war, weil die Kinder, von denen die 3 ältesten erwachsen waren, alle mitarbeiteten. Zur Arbeit in Hof und Feld verstand sie uns strenge anzuhalten, zuweilen wohl etwas zu viel. So ist die älteste Schwester, die körperlich nicht besonders stark war, mutmaßlich mit schweren landwirtschaftlichen Arbeiten manchmal übermüdet worden, was meine Mutter in größeren Jahren auch äußerte unter dem Bedauern, sie sei früher nicht so klug gewesen, auf die Gesundheit ihrer Tochter mehr Rücksicht zu nehmen.

Hier unterbreche ich die Aufzeichnung des Lebenslaufs, da mein Lebensabschnitt mit dem der Mutter so eng verknüpft ist, dass eine Scheidung sich nicht durchführen lässt. Ich gehe zur

Schilderung des eigenen Lebens über, indem das Wirken der Mutter ständig hervortritt und werde später an den Faden der Ereignisse meines Lebens ihr Alter und ihr Lebensende darstellen.

Anna Catharina Andresen, geb. Simonsen, am Spinnrad.
Foto: Archiv Andresen

Das sind die letzten Worte gewesen, die mein Vater, seine Familie betreffend, zu Papier gebracht. Den Vorsatz, auch sein Leben unter die Feder zu bringen, auszuführen, hat er nie verwirklicht. An dem Bild aber, dass er von seiner Mutter entworfen, fortzuarbeiten, kann und darf ich nicht unternehmen. Die feinen Umrisse, die er von der ersten Lebenshälfte dieser Frau hingezeichnet hat, sind so zart und in ihrer Eigenart so schön, dass ich es nicht wagen darf, mit ungeschickter Hand an ihnen zu rühren. Eins nur vermag ich unbeschadet dessen hinzuzufügen. Damit beziehe ich mich auf den Lebensabend dieser meiner Großmutter, auf die Zeit, da ich sie, selbst ein Kind, leibhaftig vor mir hatte.

106

Die Abnahme der Hufe in Wees

Über dreißig Jahre sind seither verstrichen. Aber ich sehe sie
noch im Geiste vor mir, die Alte, wie sie an ihrem Lieblings-
platz dort am Fenster der Abnahme saß, wie ihr Spinnrad
schnurrte, wie der schneeweiße wollige Faden selbst gehechel-
ter Wolle durch ihre knöchrigen, aderigen und zitternden
Hände so sicher, so weich hindurchglitt, sehe die gute alte Vier-
kantuhr mit dem geschäftigen Perpendikel hin und her, her-
und hin ticken, sehe den weißgescheuerten Bretterfußboden,
den mit sauberem Sand bestreut – ja – sehe dieses ganze
freundliche, helle, anheimelnde Zimmer in seiner ländlichen
Schlichtheit und sage mir am Ende – wenn du nur noch einmal
hineintreten könntest. Und ich gedenke dann auch immer wieder meines Vaters. Wie oft saß er nicht, wenn die Alte am

Spinnrad schnurren ließ, vor ihr auf seinem Stuhl, vor sich in den Händen seinen geliebten „Fritz Reuter" haltend, um mit einem natürlichen Vortrag die ewig schönen Geschichten von Onkel Bräsig, von Liming und Kiming, von de „Welt" und wer weiß, welchen Döntjes sonst noch vorzulesen.

Ja, ich sehe dieses Bild deutlich vor mir, wie in solchen Augenblicken die Alte am Spinnrad innehalten konnte, ihre Hände in den Schoß legte, ihre Blicke wie in die Ferne verträumend zum Fenster richtete – ganz hingegeben, ganz miterlebend die Erzählungen vom Alltag, von jenem Alltag, den auch ihr langes Leben von der Wiege her ausfüllte.

Eine lange Abnahmezeit war ihr beschieden, nämlich 34 Jahre, starb sie doch hochbetagt erst am 4.12.1907 im Alter von 88 Jahren, bis zu ihrem Tod treu gepflegt von ihrer unverheirateten Tochter Maria.

Über die Vorfahren der Anna Catharina Simonsen Andresen, geb. Simonsen, habe ich vor Kurzem eingehende Untersuchungen angestellt und bin dabei zu schönen Ergebnissen gekommen.

Die Kirchenbücher von Husby in Angeln weisen aus, dass auch das Geschlecht der Simonsens ähnlich wie das meiner väterlichen Linie im Kirchspiel Husby, insbesondere im Dorfe Husby, insbesondere im Dorfe Ausackerholz alteingesessen ist. Ich bin, was sichere Angaben anbelangt, bis zum Jahre 1696 gekommen. Vor dieser Zeit scheinen die Simonsens in „Twedtskov" (Twedterholz bei Flensburg?) ansässig gewesen zu sein. Es handelt sich durchgehend um Kätner, was nicht Wunder nimmt, da Ausackerholz ursprünglich und bis auf den heutigen Tag ein Katenausbau ist. Von den Ergebnissen meiner Nachforschungen, die ich meiner „Stammtafel Simonsen" in meinem Familienarchiv niedergelegt habe, folgt hier in Abschrift der direkte Mannesstamm meiner Großmutter: Aus der Ehe der beiden Vorgenannten gingen 7 Kinder hervor: fünf

Söhne und zwei Töchter. Drei der Söhne jedoch starben im besten Mannesalter.

Ich habe diese Brüder meines Vaters, von denen zwei älter waren als er, nicht gekannt, da der Tod vor meiner Geburt erfolgte. Die Kenntnisse von ihren Lebensschicksalen wie von ihrem Wesen sind daher recht lückenhaft, es sei denn, dass ich den Jüngsten davon ausnehme. Ich erinnere nicht, dass mein Vater viel zu mir über diesen früh verstorbenen Brüder gesprochen, wenn auch hier und da ihrer erwähnt wurde. Eine bessere Quelle in dieser Hinsicht sind für mich die ausführlichen und gewissenhaft geschriebenen Tagebücher des Jüngsten der drei Brüder, des Onkels Fritz, welche einen Zeitraum von 1882–1888 umfassen. In diesen Büchern wird oft und eingehend von den Familienmitgliedern berichtet. Ich werde mich daher bei den folgenden Ausführungen vielfach an diese Aussagen halten.

Anna Catharina Andresen, geb. Simonsen.
Foto: Archiv Andresen

CATHARINA MAGDALENA ANDRESEN

Catharina Maddalena Andresen, von der bereits kurz die Rede war, ist jene Schwester Franz Christians Andresens, über die sein Sohn Franz Andresen 1920 ein Manuskript mit dem Titel "Die alte taube Tante" hinterlassen hat, das hier in Abschrift folgt. Sie wurde am 27.3.1812 in Wees als Tochter des Festehufners Jens Jacob Andresen geboren.

Im einsamen hinteren Winkel meines Heimatdorfes, abseits der dörflichen Hauptstraße, lag in meinen Knabenjahren eine verfallene strohbedeckte Hütte, hinter ihr hohe Eichenbäume, neben ihr ein ziemlich großer Dorfteich.

Das kleine altersschwache Häuschen hatte in der Vorderfront eine schmale durchsägte Eingangstür wie sie die Stellungen zu der Zeit hatten, an jeder Seite ein kleines Fenster mit bleigefassten Scheiben. Der kleine Vorflur, nur so groß, dass man sich eben darin wenden konnte, war mit rohen Feldsteinen gepflastert, rechts führte eine Tür, die stets verschlossen, in das Stübchen der alten Tante.

Ein kleiner Raum, 3 Schritte breit und 4 Schritte tief, mit höchst einfachem Tisch und einem Lehnstuhl, dessen Sitz aus Strohseilen geflochten, ein Kleiderschrank, ein Holzschemel und ein alter wackeliger Ofen – das war das ganze Haus – und Stubengerüst, wenn man nicht hinzuzählen wollte das hinter und neben dem Ofen verstaute Leseholz und in den in der Ecke nebenan stehenden Holzklotz, auf dem das vom Walde heimgetragene Brennholz zerkleinert wurde.

Doch, halt, eines darf ich in der Zimmerausrüstung der guten Alten beileibe nicht vergessen, war es doch ihr Zeitvertreib und ihr Sorgenbrecher, ihr Trostspender in den frühen Stunden ihres einsamen Daseins, ihr Rettungsanker in ihrer Weltflucht und Menschenscheu, nämlich ihr Spinnrad. Daran konnte sie Stunden und Tage sitzen, um das Rad zu drehen, die Finger zu bewegen, den Faden unablässig und unverdrossen auf die Spule laufen zu lassen, wenn ihr die Welt, die Nachbarn, die Verwandten zuwider geworden waren, wenn grillenhafte und schrullenartige Angst, wenn unbesiegbarer Weltschmerz, oft verstärkt durch Zorn und Hass gegen einzelne Mitmenschen, ihre im Grunde gut geartete Seele erfüllte. In solchen stillen Spinnstunden konnte zu Zeiten ein Murmeln, ein kräftiges Wort, ja sogar eine zornerfüllte Drohung ihren meist schief aufeinander gepressten Lippen entfahren, so dass die Katze, die bisweilen in ihrem Fenster saß, erschreckt nach der Türe sprang, um hinausgelassen zu werden.

So hat die alte taube Tante Jahre gesponnen und ihre Spulen, eine nach der anderen, mit feinem Garn gefüllt, während ihre Grillen und ihre Wunderlichkeiten sich gleichfalls häuften und je länger ihr Lebensfaden weiterspann, desto einsamer, stiller und trüber wurde es in ihrem Stübchen und in ihrem sonderlichen Kopfe und abgestorbenen Herzen. Ich sehe noch den faustgroßen Stein auf ihrer Fensterbank, der allzeit dort bereit lag, wenn gemäß ihrer Einbildung der Feind in irgendeiner Menschengestalt ihr Böses tun wollte. So hatte sie eine lange

Zeit hindurch auf einen an ihrer Hütte vorbeifahrenden Knecht einen unauslöschlichen Groll geworfen, nur weil der Knecht ihr mehrfach ans Fenster gespuckt und mit seiner Peitsche eine unschuldige Bewegung gemacht hatte. Die Alte war aber der festen Überzeugung, er wolle ihr irgendein böses Werk antun, weshalb sie schimpfte und wetterte, sobald sie seiner ansichtig wurde. Nicht besser erging es manchen unter den Verwandten, auf die sie zeitweise einen Groll warf, über dessen Ursachen erstere allemal im Unklaren bleiben mussten. Die Deutungsvorgänge der Alten waren nicht immer in der richtigen Spur, sie überschlugen sich an gewissen Ecken und Kanten, wie der Faden an ihrer Spule hakten sie unter gewissen Umständen aus und schlugen dann allerhand Purzelbäume, bis sie hernach, wie der Spinnfaden wieder angehakt, den vorgeschriebenen Weg laufen konnten.

Oftmals bin ich von meiner Mutter zu der tauben Tante Katrin geschickt worden, irgendeine Botschaft, eine Gabe zu überbringen. Weil ihre Tür Tag und Nach verschlossen war und der Ruf der Stimme nicht zu ihr dringen konnte, so mussten andere Ausdrucksmittel angewandt werden. Wir Kinder stellten uns vor das Fenster, verdeckten einige Scheiben, damit die Verdunkelung des Zimmers unsere Anwesenheit kundgab. Dann öffnete sie die Türe, das heißt, wenn sie wollte. Es konnte aber auch vorkommen, dass sie uns überhaupt nicht einließ und wir unverrichteter Sache umkehren mussten. Sehr häufig trafen wie sie auch nicht daheim, denn sie streifte gern in Feld und Wald umher, um Holz zu sammeln, Beeren zu lesen, bei krankem Vieh zu helfen, im Garten Hilfsdienste zu leisten und dergleichen.

Kam man in die Stube, wurde mit Kreide auf den Tisch geschrieben, was man zu bestellen hatte. Meistens ging sie dann auch an ihren Schrank, holte eine Zwieback heraus, bestrich ihn mit Sirup und reichte ihn uns hin. War sie in guter Laune, so war sie gegen uns Kinder sehr gesprächig und wir lernten in der Weile durch Mundstellung und Zeichensprache uns mit ihr verständlich zu machen. Sehr lautes Sprechen konnte auch zu Zeiten als Verständigungsmittel benutzt werden.

So ist mir die alte taube Tante Katrin in Erinnerung geblieben.

Munkbrarup Mühle

JENS PETER ANDRESEN
1873 – 1875

Der älteste Sohn von Franz Christian Andresen und seiner Frau war Jens Peter, Rufname Peter. Laut Geburts- u. Tauftregister Munkbrarup *geboren am 20.2.1848, getauft am 7.3., Gevattern: 1. Jens Andresen, Wees – 2. Asmus Simonsen, Haunmestoft – 3. Christian Matzen, Markerup.*

Jens Peter Andresen. Foto: Archiv Andresen

Er ist es gewesen, der unseren Stamm von der Weeser Scholle gelöst. Aus seinen Kindheitsjahren ist mir nichts bekannt. Natürlich hat er ältester Sohn, zumal der Vater früh starb, viel in der Landwirtschaft mithelfen müssen. Als er nun mündig wurde, ließ es ihn keine Ruhe, den Hof in seine Hände zu bekommen. In seinem 25. Lebensjahr erreichte er dies gegenüber seiner Mutter auf gerichtlichem Wege. Er war dazu im Stande, weil es sich um eine alte Festehufe handelte, bei der die Erbverhältnisse sonderlich lagen. Die sehr umfang- und aufschlussreiche Erbteilungsakte vom 6. Nov. 1873 befindet sich heute in meinem Besitz.[53]

Jens Peter Andresen 20.2.1848–20.3.1891 und seine Frau Katharine, geb. Owesen 29.1.1856–12.1.1926.
Foto: Archiv Andresen

---

[53] Die Erbteilungsakte ist in zwei Fassungen im Archiv Andresen vorhanden. Zum Text siehe: Theodor Andresen u. Dirk Meier, Aus der Geschichte eines Bauernhofes und seiner Bewohner, 2016, 132-135.

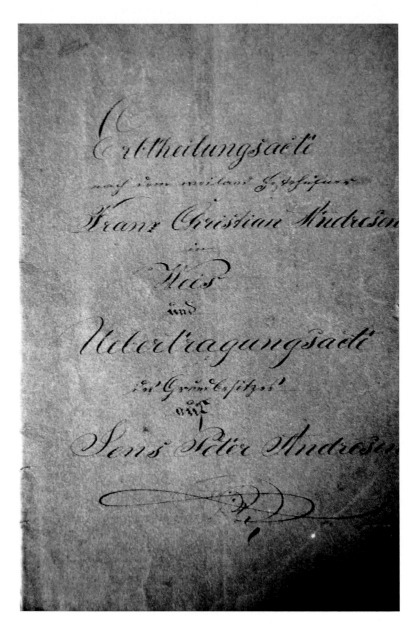

Erbteilungsakte von 1873. Foto: Archiv Andresen

Erbteilungsacte
nach dem weiland Festehufner Franz Christian Andresen, Wees.

Uebertragungsacte
des Grundbesitzes auf Jens Peter Andresen, Wees.

Verhandelt Flensburg, den 25. October 1873
im Königlichen Amtsgerichte 4. Abtg.

IN SACHEN *der Wittwe und Erben des Festhufners Franz Christian Andresen in Wees wird über den bisher ungetheilt gebliebenen Nachlass desselben gerichtlichen Erbteilung zugelegt, wie folgt:*

§ 1.
Zur Theilnahme an der Erbtheilung sind berechtigt:
1. Die Wittwe Anna Catharina Andresen geb. Simonsen und die aus der Ehe mit derselben hinterbliebenen Kinder und Erben, nämlich 2. der Sohn Jens Peter Andresen, 3. die Tochter Maria Dorothea Andresen, 4. der Sohn Nikolaus Andresen, 5. die unmündige Tochter Dorothea Catharina Andresen, geb. d. 27. Febr. 1854, 6. der Sohn Heinrich Andresen, geb. d. 5. März 1856, 7. der unmündige Sohn Franz Andresen, geb. d. 20.6.1856, 7. der unmündige Sohn Heinrich Andresen, geb. d. 28.5.1860, welche unmündige Miterben durch den gerichtlich bestellten Vormund Hans Peter Schmidt in Wees vertreten werden.

§ 2.
Der Nachlass des Erblassers besteht nach der vorschriftsmäßig vorgenommenen Ermittlung und Taxation – Verhandlung vom 6. Mai d. J. – aus:
1. einem Grundbesitze von 116 Heitscheffeln
Festeländereien im Werthe Thaler   10.325,-
2. den auf diesem Grundbesitz
vorhandenen Gebäuden im Werthe   2.875,-

3. dem lebenden Inventar taxiert an   1.650, -
4. den aus Vorräthen, sowie landwirtschaftlichem
     und Hausgeräth bestehenden todten Inventar   769,-
6. an Mobilien 254 Ta 9 Sgr.- Leinen u. Bettzeug
     678,6 – Silbergroschen 34,0   966,15
6. an ausstehenden Forderungen   620,-
7. an baarem Gelde   120,-
    im Ganzen Thaler   17.325,15
verbleiben zur Theilung

                     Thaler   16.685,15

§ 3.

In diesem Gesamtnachlass vom 16.6.1885 Ta. 15 Sgr. ist enthalten:
1. das Festegut, bestehend in den aufgeführten Festeländereien, welches dem ältesten Sohne Peter Andresen als Festeerben ohne Konkurrenz der Wittwe und übrigen Erben alleine zufällt mit Ta. 10.325 –
2. das Allodialgut, welches als besondere Masse unter die Wittwe und übrigen Erben alleine zufällt mit Ta. 7000,15. Auf beide Massen sind die Schulden zu vertheilen und übernimmt 1. das Festegut Ta. 381, 13, 2. das Allodialgut Ta. 258,17, erfüllen die Tal. 640,-. Nach Abzug dieses verhältnismäßigen Schuldenantheils besteht demnach die Allodialmasse aus Ta. 6741,28, aus welcher die Wittwe eines Sohnensantheil an dem Gemeingut erhält, so dass dieselbe, da 5 Söhne und 2 Töchter zu Theilung schreiten, in 14 Töchtertheile zur Auftheilung gelangt und die Wittwe und jeder Sohn 2/14 mit Ta. 963,4, jede Tochter 1/14 mit Ta. 481,17 erhält.

§ 4.

Mit dem Grundbesitz erhält der Festerbe für den Taxwerth: 1. die auf denselben vorhandenen Gebäude zum Werthe von Ta. 2875,-, 2. das gesamte lebende Inventar, geschätzt zu Ta. 1650,-, 3. das übrige todte Inventar Ta. 2475,15 zus. Ta. 7000,15, übernimmt den Schuldenantheil des Allodialguts mit Tag. 258,17 und hat demnach an diese auszukehren Ta. 6741,28. – Da nun

I. die Wittwe Anna Catharina Andresen aus dem Mobilarvermögen
1. bereits erhalten hat: Ta. 252,5, werden ihr zur Erfüllung des den
Forderungen an die Gütergemeinschaft, 2. die ausstehenden Forderungen a. an die Husby Munkbraruper Sparkasse mit Ta. 500, -, b.
an Nicol. Matzen in Brunsbüll mit Ta. 120,- zus. 620,- überwiesen,
sowie in der Annahmesumme bei dem Anerben angewiesen 90,29 erfüllen Ta. 963,4.
II. der Sohn Peter Andresen soll aus dem Allodialvermögen haben Ta.
963,4. In Realisierung dieses väterlichen Erbteils nimmt er 1. aus dem
Mobiliarvermögen nach dem Taxwerth Ta. 205,28. 2. erhält er das
baare Geld Ta. 120,- , zus. Ta. 325,28. 3. liquidiert er den Rest in der
Annahmesumme mit Ta. 637,6, erfüllen Ta. 963,4.
III. die Tochter Maria Dorothea Andresen soll als väterliches Erbtheil
haben Ta. 481,17. Diese werden ihr angewiesen 1. in Mobilien nach
dem Taxwerth von Ta. 161,27. 2. in der Annahmesumme bei den An-
erben Ta. 319,20, erfüllen Ta. 481,17 – Abgekürzter Wortlaut:
IV. Nikolaus Andresen: Mobilien 75,12, Annahmesumme 890,22,
zus. 963,4.
V. Dorothea Catharina 129,17 und 351,20, zus. 481,17.
VI. Franz wie IV.
VII. Heinrich 70,12 und 892,22, zus. 963,4.
VIII. Fritz 62,12 und 900,22, zus. 963,4.

§ 5.

In Anerkennung und Ausführung der vorstehenden Erbtheilung
übertragen demnach die Wittwe und Erben, resp. durch den gerichtlich bestellten Vormund Hans Peter Schmidt zu Wees die von ihrem
Erblasser hinterlassene Festehufenstelle mit allem dazu gehörigen lebenden und todten Inventar und den Vorräten an den Festererben
Jens Peter Andresen zum vervollständigen und alleinigen Eigenthum
mit Bewilligung der Umschreibung im Schuld- und Pfandprotocoll
und in den sonstigen Grundbüchern und verpflichtet sich dieser unter Übernahme der ihm überlassenen Mobilien und Immobilien alle
Abgaben und Lehen für die Hufenstelle zu tragen, sowie 1. die Schulden des Erblassers an a) den Jacob Hansen in Wees im Betrage von

Ta. 400,-, b) die Wittwe Anna Catharina Andresen Ta. 240.- zus. Ta. 640,- als eigene Schuld zu übernehmen und zu berichtigen. 2 seiner Mutter den ihr aus der Gütergemeinschaft zugefallenen Antheil außer der in § 6 näher beschriebenen Abnahmezinsleistung mit Ta. 90,29 zu berichtigen, sowie (folgen Auszahlungen a. Geschwister w. oben). Dieses von dem Festeerben und Annehmer seiner Mutter und seinen Geschwistern zu zahlenden Erbportionen bleiben auf halbjährige Kündigung in der Stelle stehen und hat derselbe diese mit 3½ % jährl. zu verzinsen. Die Zinsen der Erbtheile der bei der Mutter verbleibenden unmündigen Kinder erhält diese, bis sie ihr Haus verlassen.

§ 6. Die Abnahme.

Die von dem Festerben und Annehmer seiner Mutter zu gewährende lebenslängliche Abnahme besteht im folgenden:

1. freie Wohnung im Abnahmehause, nämlich das ganze, bisher zu diesem Zwecke eingerichtet gewesene Wohngebäude nebst einer Torfscheune und Hühnerstall. – Besitzer hat die südöstliche Stube dieses Wohngebäudes mit Ölfarbe bemalen zu lassen, alle Räumlichkeiten gehörig zu restaurieren, wobei die Wünsche der Abnahmefrau besonders zu berücksichtigen, wie auch alle ferneren Reparaturen an und im Abnahmehause von ihr anzuordnen und auszuführen sind, besonders ist schon jetzt der im Abnahmehause befindliche Spaarherd einer Reparatur zu unterwerfen und in der südöstlichen Stube ein neuer Ofen mit Kocheinrichtung aufzustellen. Gleichzeitig sind der Abnahmefrau zwei gehörig gemalte zweischläfrige Bettstellen zur Verfügung zu stellen.

2. freie Benutzung des bisherigen, südlich und westlich vom Abnahmehause belegenen Gartenlandes sowie vier qm zur gleichen Benutzung von der Küchentür, welche Flächen Besitzer jährlich gehörig zu bedüngen und zu bearbeiten hat. Außer der Obst- und Beerenfrucht des Abnahmegartens erhält die Abnahmefrau ein Viertel des im Garten des Besitzers wachsenden Obstes.

3. Am Feuerung jährlich 1500 Soden gestrichenen Torf, zu rechter Zeit trocken und in guter Beschaffenheit in die Torfscheune geliefert, desgleichen zwei Fuder Stangenholz, welches auch klein zu machen ist. Ein kleines Halbdach mit Abtritt und einem ca. 4 qm großen Raum ist nördlich des Abnahmehauses bei der alten Scheune, oder wenn Besitzer das lieber will, in der alten Scheune einzurichten.

4. an Handgeld erhält die Abnahmefrau jährlich 14 Ta. 12 Gr., fällig zur Hälfte Ostern, zur Hälfte Michaelis jeden Jahres.

5. Besitzer hat die Abnahmefrau jährlich, zur Hälfte um Martini, zur Hälfte um Lichtmessen, jedoch auch früher oder später nach Wunsch der Abnehmerin: 420 Kilogr. Roggen, 270 Kilogr. Buchweizen, 180 Kilogr. Hafer in reiner und gesunder Qualität zu liefern.

6. ferner jährlich im Herbst 400 Kilogr. gesunde, weiße Esskartoffeln und wenn Besitzer selbst Kartoffeln erntet, in dem Jahre 14 Kilogr. Davon.

7. jährlich vom 1.6.–1.9. neun Liter, 1.9.–1.12. sechs Liter, 1.12.–1.4. vier Liter, 1.3.–1.6. fünf Liter frisch gemolkener Milch frei in die Abnahmewohnung geliefert, außerdem in der Mitte des Monats September j. J. 21 Kilogr. Stoppelbutter.

8. jährlich um Martini ein hakenreines Jungschwein zu 98 Kilogr. samt den Eingeweiden, ein etwatiges Übergewicht wird nach gangbaren, marktgängigen Preisen vergütet.

9. jährlich um Martini 28 Kilogr. gutes fettes Rindfleisch, sowie 3½ Kg geschmolzenen Rindertalg zu 2 fette Gänse mit Federn a 6 Kg pr. St., oder Ersatz per St. Mit 2 Ta. 12 Silbergr.

10. jährlich zur selbigen Zeit 21 Kg reingeschwungenen Flachs.

11. freie Gräsung von zwei Mutterschafen mit Lämmern, wovon das eine Mutterschaf sammt Lämmern auf der Kuhweide des Besitzers, das andere anderswo, aber nicht am Tüder zu gräsen ist.

12. Der Abnahmefrau ist ferner zu gewähren: freie Benutzung des Wasch- und Backhauses des Besitzers, sammt den dazu gehörenden Geräthen, freien Zutritt zum Brunnen und Schöpfen aus demselben, freie Lieferung von Bettstroh und Riffsand zum Streuen.

13. freie Fuhren von und nach der Mühle, freie Kirchen- und Krankenfuhren, sowie auch anständiges Fuhrwerk, um zur Stadt oder zum Besuch von Freunden oder Verwandten zu fahren, letzteres jedoch nicht ohne Noth in Pflug- und Ärnthezeit.

14. Die Abnähmerin darf bei und neben den Hühnern des Besitzers sich Hühner halten.

15. hat die freie Benutzung der besten Kirchenstände.

16. muss Besitzer die Abnähmerin in Krankheits-, Alters- und Schwachheits-Fällen kindlich hegen und pflegen und in solchen Fällen für das Waschen, Bücken, Bleichen und Backen sorgen.

17. Sollte die Abnähmerin anderswo hinziehen wollen, so muss Besitzer für die Wohnung, den Garten, die Milch und Feuerung jährlich als Entgeld 30 Thaler Preuss.-Cour. zahlen, alle übrigen Naturalien aber auf 2 Meilen Entfernung nachliefern.

§ 7.

Zur Sicherheit für die Leistung der vorbeschriebenen Abnahme und der an die Wittwe und an seine Geschwister zu zahlenden Erbquoten verpfändet der Festerbe und Annehmer unter Bewilligung der Protocollation auf seinem Blatte im Schuld- und Pfandprotocollation auf seinem Blatte im Schuld- und Pfandprotocoll des Glücksburgischen Lehnsdistricts die übernommenen Festeländereien.

§ 8.

Die Witwe und mündigen Erben sowie der Vormund der unmündigen Erben entsagen allen diesen Erbvergleich und Überlassungsvertrage zuwiderlaufenden Einreden und unterzeichnen diese Acte zum Zeichen ihres Einverständnisses.

V.G.   Anna Catharina Andresen, Jens Peter Andresen,
            Maria Dorothea Andresen, Nicolaus Andresen,
            Hans P. Schmidt.

Beglaubigt und genehmigt / W. Brodersen.
Urkundlich unter Siegel und Unterschrift ausgefertigt zu Flensburg im Königlichen Amtsgerichte.

            IV. Abteilung, den 6. November 1873
            W. Brodersen.   W. Krämer.

Nach Mitteilungen von Johs. Andresen, Havetoftloit, u. Marie Petersen, Flensburg, soll der Verkauf der Hufe auch darum erfolgt sein, weil in jenen Jahren – Anfang der 1870er – von dem preußischen Fiskus als dem Nachfolger herzoglich glücksburgischer Besitztümer auf Auszahlung einer alten Schuld, Kana, genannt, gedrängt wurde. Ich halte diesen Grund nicht für gegeben, denn es heißt, dass diese Schuld beglichen wurde dadurch, dass ein Waldstück (Kieglei) niedergeschlagen und verkauft wurde. Ferner geht aus der Erbteilungsakte hervor, dass die Verschuldung der Hufe geringfügig war.

Kana ist eine alte Last der Festehufe aus der Zeit der Hand- und Spanndienste, die dann wohl in eine Geldschuld umgewandelt wurde. Der Ausdruck ist ausgestorben – die Herkunft dunkel.

Die Aufteilung geschah so, dass der gesamte Nachlass in zwei Teile geteilt wurde. Der erste Teil umfasste das Festegut, worunter die gesamten Ländereien zu verstehen waren (Wert: Reichstaler 10.325). Dieser fiel völlig dem ältesten Sohn zu. Der zweite Teil wurde von dem Allodialgut gebildet – Gebäude, lebendes und totes Inventar (Reichstaler 7000,15). Dieser gelangte zur Austeilung unter Mutter und Geschwister und zwar so, dass die Mutter und jeder Sohn 2/14 und jede Tochter 1/14 erhielten. Ferner enthält der Vertrag eingehende Bestimmungen über die Abnahme, also Verpflichtungen gegenüber der Mutter als da sind Wohnung, Unterhaltung derselben, Gartenland, Feuerung, Handgeld, Lebensmittellieferungen, Lieferung von „Bettstroh" und „Riffsand" zum Streuen, freie Fuhren, Benutzung der Kirchenstände usw.

Die Mutter, deren jüngstes Kind erst 13 Jahre alt war, musste also wider ihren Wunsch und Willen auf die Abnahme. Sie hat deshalb bittere Stunden durchmachen müssen. Aber das alles war kaum überwunden, da erfolgte noch eine zweite, weit folgenschwerere Handlung dieses ältesten Sohnes.

Er verkaufte – wie es scheint, in einem unbedachten Augenblick – die ganze Hufe an einen anderen Bauern des Dorfes, an Chr. Andresen, am 14.12.1875.

Was ihn dazu bewogen, ist schwer zu sagen. Es sprechen wohl viele Umstände mit. Eins steht jedoch fest: der Hof war keineswegs verschuldet. Das geht aus der Erbteilungsakte von 1873 klar hervor. Der Vater hatte durch sein rastloses Streben den Hof wieder in einen guten, fast schuldenfreien Zustand gebracht, hatte das Land unter eine zeitentsprechende Kultur gebracht, hatte die Gebäude völlig erneuert und obendrein noch die Lasten getilgt. Der Sohn hätte keine Mühe gehabt, ihn weiter zu bewirtschaften. Freilich, nach dem Kriege von 1870/71 begannen für die Landwirtschaft schlechte Jahre, aber auch das wäre wohl zu überbrücken gewesen. Wenn ich den ferneren Lebensweg des Onkels Peter betrachte, so will mir scheinen, dass er in seinen Handlungen unstet gewesen. Er hat oft Besitz und Wohnung gewechselt – ganz im Gegensatz zu anderen Gliedern unserer Familie, bei welchen eine anhaltende Bodenständigkeit zu beobachten ist. Freilich in Bezug auf diesen Onkel muss ich auch hierin eine Begrenzung vornehmen. Auch er ist nie aus seiner heimatlichen Landschaft Angeln flüchtig geworden. Diese Tatsache trifft übrigens bei allen männlichen Gliedern bis auf den heutigen Tag zu. Keiner hat seinen Wohnsitz außerhalb dieses Bezirks, wobei ich die Stadt Flensburg miteinbeziehe – gehabt, wodurch ein untrüglicher Beweis für die Bodenständigkeit dieses Geschlechts geschaffen ist.

Die Unstetigkeit in der Handlungsweise jenes Onkels mag also zum größten Teil aus der Zeit begriffen werden. Damals wurde die Landwirtschaft mehr und mehr in eine kaufmännische, in eine spekulative Richtung gedrängt. Die Weitung des Gesichtskreises, hervorgerufen durch die gewaltige Entwicklung auf allen Gebieten, ließ manchen, der es von Haus und Beruf aus nicht nötig hatte, kaufmännisch im Sinne einer plötzlichen Gewinnchance handeln. In ununterbrochenem Wechsel hieß es kaufen und verkaufen, wobei meistens der ursprüngliche Besitzende, der mit in solche Geschäfte hineingezogen wird, im Grunde aber nichts davon versteht, gar bald von allem, was er hat, sich trennen muss. Dass nun der gute Onkel Peter ein Spekulant gewesen sei, will ich nicht behaupten, aber er scheint doch unter dem Einfluss solcher Geschäftspraktiken gestanden zu haben.

Ein anderer Grund seiner Unstetigkeit in solchen Dingen ist vielleicht in dem Verhältnis zu seiner Frau zu finden. Die Ehe ist nicht glücklich gewesen, blieb aber auch ohne Kinder.

Es ist nur gut, dass der Vater, jener Franz Christian, der unter unsäglichen Mühen das Anwesen auf eine stattliche Höhe gebracht, diesen Schritt seines ältesten Sohnes nicht erlebte. Dass solches geschehen konnte, lag auch wesentlich daran, dass der Onkel Peter den Besitz völlig selbstherrlich in Händen hatte. Wäre es nicht das Nächstliegende gewesen, dass eine seiner Brüder, insbesondere Heinrich, der selbst in der Landwirtschaft ausgebildet und sich auch später einen eigenen Besitz kaufte, die alte väterliche Hufe übernommen hätte?

Es liegt nahe, zu glauben, dass diese bedeutungsvolle Handlungsweise des Jens Peter Andresen zu einem Zerwürfnis mit der Familie geführt hätte. Das ist aber nicht der Fall gewesen. Auch hier waren die Familienbande stärker. Die Geschwister haben immer viel voneinander gehalten und sich gegenseitig in ihrem Wohnsitz besucht. Die Verbindung mit der Frau des Jens Peter hat die Weeser Familie jedoch nach seinem Tode völlig gelöst.

Die alte Stammhufe in Wees ging, wie erwähnt, in den Besitz eines Chr. Andresen über. Von diesem wurde sie wieder in den 1890er Jahren an einen Hans Koch verkauft, dessen Nachkommen heute noch [1935] auf dem Hofe sitzen. Zwar, den schönen Anblick der alten, im Jahre 1855 von Franz Christian Andresen erbauten Hofanlage vermögen wir heute nicht mehr zu genießen. Das Wohngebäude ist im Jahre 1908 niedergerissen und an seine Stelle ein geschmackloser Neubau im Stil jener Zeit errichtet.

Nach der Veräußerung der Hufe kaufte sich Jens Peter Andresen, soweit ich dies ermitteln kann, einen bäuerlichen Besitz in Estrup und später in Husby, um schließlich ein Geschäft mit Baumaterialien in Husby in einem von ihm errichteten Neubau zu eröffnen. Es ist das Gewese neben der Dorfwirtschaft, wo sich jetzt 1935 die Maschinenhandlung Jensen befindet.

Peter Andresen soll wie seine Brüder Heinrich und Fritz, die in der Familie verbreitete Art gezeigt haben, stets zu Scherz u. Hänseleien geneigt zu sein. Aber auch die Hartnäckigkeit findet sich bei ihm.

Hier folgen einige Äußerungen des Onkels Fritz aus seinen Tagebüchern über den Stammsitz wie über seinen Bruder Peter und seine Frau in Wees:

8.2.1885...Gegen Abend wurde die Unterhaltung zwischen Mutter und mir etwas lebhafter. Manche Begebenheiten aus alten Zeiten und damaligen Verhältnissen wurden von Mutter erzählt. So z. B. dass Großvater den Besitz, als er denselben an Vater habe abgeben müssen (1846), indem er erklärte, sich nicht mehr hindurchsehen zu können. Die Gebäude sollen damals gänzlich verfallen gewesen sein, so dass Vater sie eine Räuberhöhle genannt hat, die Felder ausgesogen und verarmt, das Vieh abgemagert, fast kein Saatkorn vorhanden usw. Überall Verfall und größte Unordnung. Dabei hätte Großvater nur eine Schuldenlast von 600 Thl. ...

13.12.1885...Später kam Peter mit ihm fuhr ich um 12 Uhr nach Husby. Er hat seinen Besitz dort verkauft und sich ein neues Haus in der Nähe des Bahnhofs aufgesetzt. Dasselbe hat er am 1. Nov. bezogen und daselbst eine Hökerei begonnen, d.h. nur eine Handlung von Baumaterialien und den ganzen Kurzwaren. Der neue Bau ist sehr hübsch und bequem eingerichtet, die Bude schon ganz nett ausdekoriert...

30.1.1887...In Husby steht das Barometer wieder auf Sturm. Catharina ist ausgekniffen und mehrere Tage in Scheggerott [bei meinen Eltern] gewesen. Nach Marias [der Schwester] Mitteilungen finde ich, dass C. an dem Streite Schuld ist. Dass Peter die Geduld mal reißt, kann man ihm gar nicht verdenken, sie tat ihre Pflicht nicht...

13.3.1887 (Svinfest bei Mutter in Wees)...Bruder Peter hätte auch mehr Grund dazu, verstimmt zu sein, seine „Sorgen" sind jedenfalls größer gewesen. Er versteht die Kunst besser, sich zu beherrschen, wenigstens in der vorher ausgedeuteten Richtung, sonst wenigstens in der vorher angedeuteten Richtung, sonst hapert es sich wohl nicht mit dem Sichselbstbeherrschen manchmal, besonders wenn er auf seine Frau dull wird. Augenblicklich hat er sie heimgeschickt, dahin, woher sie gekommen ist, und führt jetzt ein Junggesellenleben. Traurig ist´s, aber wahr! Diesmal scheint´s ziemlich ernst zu werden, denn sie hat einen Teil der Mobilien abholen lassen. Besser wär´s jedenfalls, wenn sie auseinander blieben, denn beim Zusammensein machen sie sich gegenseitig das Leben sauer. Doch sie hält es ohne ihn nicht lange aus. Peter wird ihr nicht lange nachlaufen...

20.3.1887...heute war ich bis 5 Uhr zu Hause, schickte Mutter ein Beruhigungsschreiben, sie ist wegen der Vorfälle in Husby etwas aufgeregt. Dass XX ihr denn auch noch die Ohren vollpusten soll. Er könnte seine Zeit besser verwenden als sich mit solchen Klatschereien über Bruder Peter abzugeben...

Schon am 20.3.1891 im Alter von 43 Jahren ist Jens Peter Andresen in Husby gestorben. Über die Todesursache weiß ich nichts bestimmtes. Lange gekränkelt hat er jedenfalls nicht.

Seine Frau war von Geburt eine Catharina Owesen, geb. 29.1.1856 in Kronsgaard, gest. 5.3.1924 in Flensburg. Catharina Jensen, verwitwete Andresen, starb am 12.1.1926.

Auch der neue Besitzer der Weeser Hufe Christian Andresen behielt die Hufe nicht lange. Am 9.8.1892 verkaufte er sie an Hans Jürgen Koch, der sie an seinen Sohn Hans Koch abtrat. Nach dessen Tod wurde 1939 seine Witwe Eigentümerin der zur Erbengemeinschaft mit den Kindern erklärten Festehufe. Heute; 2019, hat an dieser Stelle wie auch anderorts in Wees die Landwirtschaft schon lange ihr Ende gefunden.

Kirche von Munkbrarup vor der Restaurierung 1937/38. Auf dem Friedhof ruhen nachweislich 8 Generationen der Familie Andresen

BESITZFOLGE DER WEESER HUFE

Von der Mitte des 18. Jahrhunderts bis heute – festgestellt nach den Schuld- und Pfandprotokollen der Munkbrarupharde und den Grundbüchern im Gerichtsgebäude zu Flensburg von Theodor Franz Andresen, Flensburg, 11.1.1937.

1.	Franz Petersen	keine Eintragung
2.	Peter Andresen	2.8.1759 – 11.5.1784
3.	Maria Sophia dessen Witwe	11.5.1784 – 23.12.1790
4.	Franz Petersen Sohn von Peter Andresen	23.12.1790 – 23.1.1805
5.	Jens Andresen Bruder von Franz Petersen	31.10.1805 –15.10.1846
6.	Franz Christian Andresen	15.10.1846 – 12.3.1865
7.	Anna Catharina dessen Witwe	12.3.1865 – 25.10.1873
8.	Jens Peter Andresen	25.10.1873 – 14.12.1875

Letzter Besitzer der Familie Andresen

9.	Christian Andresen	14.12.1875 – 9.8.1892
10.	Hans Jürgen Koch sen.	
11.	Hans Koch jun.	
12.	Witwe Hans Koch, Erbengemeinschaft	

KINDER VON FRANZ CHRISTIAN ANDRESEN

Was aus den übrigen Kindern von Franz Christian Andresen wurde, beschreibt Theodor Andresen in seiner Chronik „Die Familie Andresen" wie folgt.

Maria Dorothea Andresen

Die nächstjüngere war Maria Dorothea Andresen – genannt „Tante Marie". Laut Geburts- und Taufregister Munkbrarup *geboren am 21.9.1849, getauft am 30.9. Gevattern: 1. Maria Dorothea Simonsen, Ausackerholz – 2.) Maria Sophia Andresen, Wees – 3.) Jens Hansen, Wees.*

Sie ist die ältere der beiden Schwestern. Mir ist sie, da sie erst 1909, 11/4 Jahr nach der Mutter starb, noch sehr gut in Erinnerung. Sie war die einzige der lange am Leben gebliebenen Geschwister, die sich nicht verheiratete. Ein Verlöbnis in der Jugendzeit ging wieder zurück. Dann übernahm sie das anderen Menschen, oft gar den Geschwistern, so selbstverständlich erscheinende Amt, der Mutter eine Stütze für ihren langen Lebensabend zu sein. Treu und gewissenhaft hat sie all die Jahre diesen Dienst versehen. Sie hat damit nicht nur der Mutter eine große Erleichterung verschafft, sondern durch die Selbstlosigkeit ihrer Tat ganz besonders auch den Geschwistern einen großen Dienst erwiesen.

Wie oft sind wir Kinder nicht in ihrem und ihrer Mutter Heim ein- und ausgegangen. „Tante Marie" ist gern unter den Geschwistern als ein wenig „nährig", ein wenig überfromm und am Ende als altjungferlich bezeichnet worden. Aber ich beurteile sie hier aus den Eindrücken meiner Kindheitstage und sehe sie in einem hellen, freundlichen Lichte, in jenem Lichte, das auch ihr freundliches, sauberes, behagliches Wohnzimmer der kleinen Abnahme der alten Weeser Hufe erfüllte. Ich sehe sie über dem Herd, das noch ein offener Kamin war, gebeugt, die Holzscheite schichtend, das Feuer anblasend, geschäftig über die mit Mauersteinen ausgelegte Küchendiele eilend, die Schale mit den großen Roggenzwiebacken, den Glashafen und mit dem leckeren, hellen Sirup auf den Kaffeetisch stellend, drüben im Pesel zwischen Wand und Truhe für uns Kleinvolk die Betten aufmachend. „Klingeling" läutet mit feinem Klang die Glocke der Haustür dazwischen. „Maria" ruft vom Wohnzimmer her, wo das Spinnrad surrt und die Mutter die kleine Wanduhr mit dem geschäftigen Perpendikel hin- und her tickt, die Großmutter „Marie, de Stutenfru is dor!" Und Tante Marie eilt herbei, nimmt die Stutenfrau mit ins Wohnzimmer „Kom, krieg en warme Tass Kaffee" ladet sie die Frau, die von Haus zu Haus, von Dorf zu Dorf zieht, ein – und, was das Schönste für sie und die Alte am Spinnrad, es gibt einen langen, langen Schnack.

Wie oft ist auch die Tante in das Haus meiner Eltern gekommen. Sie hat dann mit all ihrer Hilfsbereitschaft unserer Mutter in ihrem Hauswesen beigestanden, hat viele Kleidungsstücke für uns Kinder genäht, gestrickt und gestopft, ganz wie sie es bei den anderen Geschwistern mit ihren kinderreichen Familien hat.

„Tante Marie" hielt auf eine schlichte, tiefe Frömmigkeit und stimmte darin völlig mit ihrer Mutter überein. In der Heimatkirche von Munkbrarup war sie wohl eine der besten Besucherinnen jener Tage. Auch war die eng mit dem Leben und Treiben der kleinen Dorfgemeinde verwachsen. Sie war armen und schwachen Leuten oft eine uneigennützige Hilfe. Wenn es geschieht, dass ich heutigentags bei alten Leuten „Tante Merie" erwähne, dann leuchten wohl die Augen dieser Menschen. „Ja, Tante Merie, wie gut hem wie se kennt!" und im Geiste schweifen die Gedanken weit, weit zurück.

Maria Dorothea Andresen 21.9.1850–7.3.1909

Es ist ja wahr, der jüngste Bruder, der gute „Onkel Fritz" stand manchmal mit seiner älteren Schwester, die ihn gerne bevormunden wollte, auf Kriegsfuß. Aber dieser Bevormundung war wohl auch hier und da von Nöten, denn der lose Vogel, der Fritz, das Nesthäkchen war in seinem lebhaften Junggesellendasein ein sehr enger Verbündeter von Alkohol und Karten –

und horrible ditu – auch dann und wann vom schönen Geschlecht. Das passte nun sehr schlecht zu Schwester Marias Pietismus – ja – und Karten und Punsch waren ihr ein Greul. Aber die beiden Geschwister haben doch auch wieder aneinander gehangen, das geht unzweideutig aus den Tagebüchern des lustigen Vogels hervor. Immer wieder kommt es zum Ausdruck, wie schön es ist zu Hause bei Mutter und Schwester, bei dieser Schwester, dessen schwere Aufgabe es war, ihrem im 28. Lebensjahre stehenden „Nestküken" die Augen für immer zuzudrücken.

Und dann kam im Jahre 1907 der trübe Wintertag, an dem die betagte Mutter von ihr ging. Nun war sie allein. Die Abnahme musste geräumt werden. Aber in ihrer Sparsamkeit durch die lange Reihe von Jahren hatte sie nicht nur das väterliche Erbe erhalten, sondern es auch noch vermehrt. Sie konnte sich ein freundliches Häuschen bauen. Einen Bauplatz dafür erwählte sie sich in der Nähe des Friedhofes, wo die Angehörigen ruhten, in Munkbrarup. Zwischen Mühle und Lehrerwohnung liegt dieses Haus, das später in den Besitz meines Bruders überging. Nur kurze Zeit sollte Tante Marie ihre Freude an diesem neuen Heim erleben.

Sie erkrankte bald ernstlich, wurde auf der Diakonissenanstalt in Flensburg einer Magenoperation unterzogen, bei der sich herausstellte, dass sie von einem unheilbaren Krebsgeschwür befallen war und nun folgte ein langes, schmerzvolles Krankenlager in Harrislee bei der Schwester. Am 7. März 1909 wurde sie dort von ihrem qualvollen Leiden erlöst und fand ihre Ruhestätte auf dem heimatlichen Friedhof in Munkbrarup, jedoch nicht neben den Eltern, da diese Grabstätte dem neuen Besitzer der Weeser Hufe gehörte. Im stlichen eil des Friedhofes wurde ihr Grab hergerichtet. „Tante Marie" erreichte ein Alter von 59 1/2 Jahren.

Nikolaus Andresen

Ihr nächstjüngerer Bruder war Nikolaus Andresen – laut Geburts- und Taufregister Munkbrarup *geboren am 4.12.1851, getauft am 1.1.1852. Gevattern: 1. Nicolay Matzen von Satrup, Rüde. – 2. Henning Matzen, Markerup. – 3 Caroline Andresen, Wees.*

Über diesen Sohn und Bruder sind meine Kenntnisse nur äußerst dürftig. Er war Getreidehändler. Nach Mitteilungen von Johs. Andresen, Havetoftloit, war er Kutscher in einem Getreidegeschäft in Flensburg, an dem er sicher später beteiligte. Später machte er sich in diesem Beruf in Flensburg selbständig, hatte aber wie ich nach gewissen Andeutungen in den Tagebüchern des Onkel Fritz annehmen darf, kein sonderliches Glück mit diesem Unternehmen. Ein früher Tod setzte Allem ein Ende. Er starb an einem Furunkel am Kopf, die ihn schnell dahinraffte. Ein kurzes Krankenlager auf dem Franziskus Krankenhause in Flensburg ging voran (nicht Diakonissenanstalt, wie es irrtümlicherweise im Totenregister von Munkbrarup heißt). Mit seinem Tode wurde die erste Lücke unter den sieben Geschwistern gerissen. Eine Ehe ist er nicht eingegangen und hat daher auch keine Nachkommen hinterlassen.

Die Eintragung über seinen Tod im Totenregister in Munkbrarup lautet wie folgt:

Reg No.	Todestag	Begr. Tag
5	4.2.1884	8.2.

gestorben in der Diakonissenanstalt der unverheiratete Nikolaus Andresen, Kornhändler in Flensburg, ehel. Sohn des Franz Christian Andresen, weil. Hufner in Wees und der Anna Catharina geb. Simonsen, daselbst, geb. 24.12.1851 – standesamtl. Bescheinigung Flensburg v. 5.2.1884 u. Dennissiorale Flensburg d. 7.2. a.c. Pastor Birkenstaedt. Alter 32 Jahre 1 Mt. –

Nikolaus Andresen 24.12.1851–4.2.1884

Er liegt begraben auf dem Friedhof in Munkbrarup in der Grabstätte seiner Eltern. Onkel Fritz hat ihm in seinen Tagebüchern wiederholt ein ehrendes Andenken bekundet. Sein plötzlicher Tod mag die Familie schwer getroffen haben, war er doch der Erste unter den Geschwistern, der aus der Reihe schied.

Dorothea Catharina, verh. Fröslee

Dorothea Catharina Andresen, genannt Doris. Laut Geburts- und Taufregister der Kirchengemeinde Munkbrarup unter *Reg. No. 20/1854 geboren am 27.2.1854, getauft am 19.3. Gevattern: 1.*

Catharina Magdalena Andresen, Wees. 2. Maria Clausen, Ringsberg.
3. Wilhelm Franzen, Wees.

Dorothea Catharina, geb. Andresen, und ihr Mann Peter Fröslee.
Foto: Archiv Andresen

„Tante Doris" überlebte alle ihre Geschwister. Sie erreichte auch unter ihnen das höchste Alter, nämlich 73 ½ Jahre. Auch sie hat in ihren Kindheitsjahren auf der heimatlichen Hufe in Wees schwer mitarbeiten müssen. In ihrem 29. Lebensjahre, am 22.6.1883, heiratete sie den Landmann Peter Petersen Fröslee (26.7.1846–16.3.1916). Auf einer Hufe in Harislee bei Flensburg (damals zum Kirchspiel Handewitt gehörend) haben die beiden ein langes, arbeitsreiches Leben geführt, ihren landwirtschaftlichen Betrieb gemeinsam mit Umsicht und Erfolg geleitet. Aus dieser Ehe gingen drei Töchter hervor.

Franz Andresen

Wir sind in der 2. Hälfte des 19. Jahrhunderts; es ist die Zeit, in welcher mein Vater den bedeutsamsten Teil seines Lebens verbrachte, die Zeit, aus der wir gewachsen.

Es sind die Jahre, in denen sich auf allen kulturellen Gebieten gewaltige Veränderungen vollziehen. Das Leben des Einzelnen wird in ganz neue Bahnen gelenkt. Infolge der sich überstürzenden unzähligen Erfindungen setzt sich eine bis dahin nicht einmal geahnte Industrialisierung und Technisierung durch. Die geistige Aufklärung ist so drängend, dass es keinen noch so entlegenen Winkel gibt, wo sich nicht zum mindesten ein Teil dieser Entwicklung bemerkbar macht. Da ist die Eisenbahn, die auch die kleinste Landschaft kreuz und quer durchzieht, da ist die Presse, die in das Haus des Ärmsten dringt, da sind die Maschinen der verschiedensten Art, die sich in Haus und Hof breit machen und über die Äcker ziehen, da sind all die auf wissenschaftlicher Grundlage erwachsenen Lehren, welche die Praxis beleben und eine nie erträumte Auswertung der Erzeugnisse, der Rohprodukte herbeiführen.

Überall erblicken wir einen gewaltigen Aufschwung, eine Durchdringung aller Bevölkerungsschichten mit dem Geist, der sich in der 1. Hälfte des Jahrhunderts zu regen begann. Das 19. Jahrhundert ist einerseits das bürgerliche, andererseits das der mächtigen Entfaltung der Arbeiterklasse zu einer selbstbewussten und gebietenden Menschenschicht – es ist das Jahrhundert des Liberalismus, der unendlich Großes geschaffen, dem wir ganzes Geistesgut, aus humanistischem Boden gewachsen, verdanken. Der Individualismus mit seiner Lehre zur Freiheit einer verantwortungsbewussten Persönlichkeit gelangt zur höchsten Entfaltung. Was dieser Geist geschaffen, das spüren wir an uns selbst. Das Erbe unserer Väter, das wir übernahmen, war, in seiner Gesamtheit betrachtet, stark und bewunderungswürdig. Es verlangte von uns allen die Kraft, es zu bewahren, zu nutzen und auszuweiten. Unsere Generation ist darüber gestürzt; Aufgabe der Kommenden ist es, den Wert eines Werkes, geschaffen von der großväterlichen Generation, zu erkennen und darauf zu bauen.

In der Neuauflage des bekannten Werkes „Angeln" von H.N.A. Jensen heißt es in dem Abschnitt „Häusliches und öffentliches Leben der Gegenwart" von Pastor Martensen in Kahleby: „ - die Schule – Große, helle und freundliche Räume, mit vielen trefflichen Lehrmitteln ausgestattet, wie sie die hochentwickelte Pädagogik unserer Tage bietet, dienen dem Unterricht. Viele neue, stattliche Schulgebäude sind in der neueren Zeit an vielen Orten in Angeln erbaut und keine Kosten gescheut worden, sie ihrer Bestimmung gemäß so gut und zweckmäßig wie möglich herzustellen. Ein tüchtiger, trefflich vorgebildeter Lehrerstand waltet in unseren Angler Schulen seines schönen, aber nicht leichten, verantwortungsvollen Amtes und arbeitet mit Treue und Hingebung an den ihn anvertrauten Kindern, den höchsten Schätzen der Eltern, der Hoffnung der Zukunft, um sie zu einem tüchtigen Geschlecht heranzubilden, das, gesund an Leib und Seele, dereinst in den schweren Zeiten, welche die kommenden Tage voraussichtlich bringen werden, stark und mutig allen Gefahren trotzen möge." [geschrieben vor 1914]

Ich habe diese Worte hier niedergeschrieben, weil sie so treffend auf das lebenslange Lehreramt meines Vaters angewandt werden können.

Über die Kindheit meines Vaters Franz Andresen vermag ich nicht viel zu sagen. Auch er wurde wie alle seine Geschwister auf der Weeser Hufe geboren und erlebte hier, nachdem der Vater früh gestorben, ernste von Arbeit erfüllte Knabenjahre.[54]

Was soll er werden, dieser 3. Junge unter den Geschwistern. Er hat eine Neigung zum „Klütern" – und möchte wohl Tischler werden. Aber von irgendwo wird die Meinung laut: der Junge kann gut lernen, lasst ihn Lehrer werden. Einen Bauernsohn zum Lehrer machen? – Die Mutter wird das zunächst nicht begriffen haben – aber am Ende willigt sie ein.

Damals bestehen noch keine Präparanden-Anstalten. Die jungen Menschen, welche für den Lehrerstand vorbereiten wollen, müssen zunächst einige Jahre bei amtierenden Lehrern in die elementaren Kenntnisse des Unterrichts eingeweiht werden. So kommt der junge Mensch zunächst nach Struxdorf mitten im Angellande, darauf nach dem Dorfe Schuby bei Schleswig. Unser Vater hat häufig von diesen Lehrerjahren erzählt. Die ausbildenden Lehrer waren ihm in guter Erinnerung und er hat nur anerkennende Worte für sie gehabt. Diese Ausbildungszeit erstreckt sich von 1872-75. Am 5.4.1875 besteht der

---

[54] Franz Andresen – Ein Dorfschullehrer in Angeln. Hrsg. von Dirk Meier, Schriften aus dem Familienarchiv Andresen 2 (Hamburg 2019).

Zögling seine Aufnahmeprüfung an den weit im Lande bekannten Seminar der Marschstadt Tondern.

Franz Andresen um 1875 als Seminarist in Tondern.
Foto: Archiv Andresen

Drei Jahre genießt er hier eine gediegene Ausbildung, denn
Tondern, eines der ersten Lehrerseminare unseres Landes hatte
von jeher einen guten Ruf. Zwar der Unterricht ist manchmal
in seiner Methodik und Memotechnik arg verknöchert und
geistlos. Unser Vater hat sich oft über diese Art der Pädagogik
mit Unwillen ausgesprochen. Der Schüler geht seine Klassen

glänzend durch. Sein Logis findet er bei dem Gastwirt Peter Petersen in der Westerstraße. Dies ist umso bedeutungsvoller als er sich aus diesem Hause seine spätere Frau holt.

Petersens Gastwirtschaft in der Westerstraße in Tondern, wo Franz Andresen als Seminarist wohnte. Vor der Tür sitzt die Großmutter von Theodor Andresen, Anna Petersen, geb. Schmidt, daneben ihre jüngste Tochter Christiane. Foto: Archiv Andresen

In der Zeit vom 8. - 11.4.1878 besteht er die Abschlussprüfung. Sein mir noch vorliegendes Zeugnis hierüber muss als hervorragend bezeichnet werden, enthält es doch nicht weniger als 19mal sehr gut, 12mal gut und 2mal genügend. Mit seinen Klassenkameraden jener Zeit hat unser Vater späterhin immer die Verbindung aufrechterhalten, mit vielen von ihnen stand er auch viele Jahre im familiären Verkehr.

Franz Andresen und Anna Petersen am 28.8.1881 als Brautleute.
Foto: Archiv Andresen

Die erste Lehrerstellung, welche er nun antritt, ist in dem heimatlichen Kirchspiel, in Munkbrarup. In dieser Zeit befindet sich die älteste Tochter des Gastwirtes Peter Petersen in Tondern in Stellung in dem Pastorat in Adelby bei Flensburg. Es ist das Nachbarkirchspiel von Munkbrarup. So werden wohl in diesen Tagen die Bande zwischen den beiden Liebenden enger geknüpft. Schließlich kommt es zur Verlobung. Vom 30.9.1879 liegt mir das Original-Entlassungs-Zeugnis meines Vaters vor, wodurch ihn der Ortschulinspektor, Pastor Johnsen in Adelby, seinen Fortgang aus Munkbrarup bescheinigt. Auch dieses Zeugnis ist voller Anerkennung. Die nächste Wirkungsstätte ist im Kirchdorf Böel in Angeln an der zweiklassigen Schule. Ende April 1881 besteht der junge Lehrer die vorgeschriebene 2. Prüfung. Nun steht einer Eheschließung nichts mehr im Wege. Im Mai 1881 soll die Hochzeit sein. Aber das Schicksal will es anders. Eine schwere Krankheit packt den 25jährigen jungen Menschen. Der Typhus bringt ihn an den Rand des Grabes. Doch er genest und am 28.8.1881 findet die Hochzeit statt.

Das Schulhaus in Scheggerott.

Am 27.2.1882 wird dem jungen Paar das erste Kind geboren. Es ist ein Mädchen und erhält den Namen Theodora Catharina. Im Jahre darauf wechselt der junge Lehrer abermals seine Wohn- und Wirkungsstätte. Er kommt an die Schule in Scheggerott im Kirchspiel Norderbrarup. Hier bleibt er fünf Jahre. Drei Kinder werden in dieser Zeit geboren, am 28.1.1884 Nikolaus Franz Christian, am 30.4.1885 Peter Adolf, am 29.1.1887 Frieda Dorothea. Im Scheggerotter Schulhause ist damals viel Leben gewesen. Unsere Eltern haben später oft und gern von jenen Tagen gesprochen. Auch zu den Bewohnern des Ortes stand man in enger Beziehung. Besonders in den Erzählungen unserer Mutter kam das immer wieder zum Vorschein. – Wieder muss ich an dieser Stelle meinen Vor-Chronisten, den guten Onkel Fritz zu Worte kommen lassen:

Scheggerott, d. 17.6.1888 - ... es waren recht stille Tage, was man hier in der Schulmeisterei sonst nicht gewohnt ist. Ich war mir viel selbst überlassen, da Franz entweder in der Schule oder sonst wo beschäftigt war ... Franz ist hinsichtlich meiner Pflege sehr aufmerksam und besorgt, sucht mir alles so gemütlich und behaglich einzurichten, wie nur irgend möglich. Selbst für die kleinste Kleinigkeit hat er ein offenes Auge ... Am Freitag feierte die Schule ihre alljährliche Gilde im Wirtshause des Dorfes. Die Schulfahne, mit der sie in den letzten Jahren mit den umgekehrten deutschen Reichsfarben – rot weiß schwarz – wohl so stolz herangezogen sein mögen, wurde vor Beginn der Festlichkeit „berichtigt". Als die Kinder nach Beendigung des Schießens bzw. Ringfahrens am Mittag mit Fahne und Musik nach der Schule zurückkehrten, ließ Franz sie im Garten im Halbkreis zusammentreten, stellte sich selbst in die Mitte und hielt eine Ansprache an mich den, den „kranken Mann"...

Scheggerott, d. 8.7.1888 - ... Ich bewohne hier die Wohnstube, bin den grössten Teil des Tages allein. Wenn Franz nicht in der Schule ist,

macht er Reisen bald hier – bald dorthin. Er hat mehr „laufende Ge-
schäfte" zu bestreiten als er fertig bringen kann...Damit die ländliche
Stille nicht gar zu fühlbar wird, sorgen die vier Stammhalter für die
nötige „Musik", die freilich zum größten Teil aus „Misstönen" be-
steht. Aus meiner Stube sind sie so ziemlich verbannt, in der darauf-
stoßenden Küche und Kinderstube wird jedoch aufgespielt, ich habe
also den Genuss aus nächster Nähe. Müssen sich die Gesellen wegen
schlechten Wetters binnen aufhalten, so hört man in der Regel stets
einen schreien, mitunter auch mehrere aufs Mal.

So ist die Familie mit der Zeit auf vier Köpfe gewachsen. Das
merkt der Geldbeutel. Man muss sehen, dass man weiter-
kommt. Jetzt heißt es, die Stelle eines ersten Lehrers und Organisten zu erhalten. Es besteht die Möglichkeit, nach Sörup, dem
zweitgrößten Kirchdorf Angelns zu kommen. Der Ort, seine
Lage an der neu erbauten Bahnstrecke Flensburg – Kiel, hat
große Anziehungskraft. Ein anderes Kirchspiel meldet sich,
Ulsnis an der Schlei, zwar bedeutend kleiner und abseits vom
Verkehr gelegen. Die Bewohner machen alle Anstrengung, den
Scheggerotter Lehrer zu erhalten. Sie haben Erfolg. Ende Juli
1888 siedelt die „Schulmeisterei" nach Ulsnis über.

An dieser Stätte nun wirkt unser Vater 25 lange, segensrei-
che Jahre als erster Lehrer an der zweiklassigen Volksschule
und als Organist in dem schlichten Kirchlein dort oben auf der
Höhe.

Ulsnis, ein Kirchdorf Angelns mittlerer Größe hat eine lieb-
liche Lage an den Ufern der Schlei. Das eigentliche Dorf, in welchem sich auch die Schule befindet, erstreckt sich an den Hän-
gen einer Niederung, durch die sich der „Schluußbeck" win-
det. Der Ort lag und liegt auch heute noch abseits der großen
Verkehrsadern. Der Menschenschlag ist alteingesessener Angler Art. Zum überwiegenden Teil treiben die Bewohner Landwirtschaft. In prächtiger Lage, weithin sichtbar, erstreckt sich
der lange Bau des schlichten Kirchleins auf einem Höhenzug

etwas außerhalb des Dorfes. Hell schimmern durch den Kranz der Eichen, welche an einem Steinwall entlang den Friedhof umsäumen, die weiß getünchten Mauern über die Kronen der Bäume hinaus ragt der schlanke, spitze Dachreiter.

Ulsnis · in dieser Kirche waltete Franz Andresen 25 Jahre 1888-1913 seines Amtes als Organist

Neben dem Friedhof in östlicher Richtung erhebt sich auf einer Anhöhe, die man als ein altes Hünengrab deutet, der massige, völlig aus Holz errichtete Glockenturm, dessen ehrwürdiges Alter einen erhöhten Eindruck dadurch erweckt, dass ihn uralte, zum Teil unter Naturschutz gestellte Eichen und Buchen umkränzen. Köstlich ist von dieser Stätte der Blick über das schöne wellige und fruchtbare Land, über die Äcker und Knicks, über die Wäldchen und Wiesen, über das helle Band der buchtenreichen Schlei.

Die Schule in Ulsnis

In jenen Sommertagen des Jahres 1888, als unser Vater sein neues Amt antritt, gibt es für ihn bedeutende Schwierigkeiten zu überwinden. Die Schule ist verwahrlost. Es kostet große Mühe, die Disziplinlosigkeit, die bei dem ergrauten Vorgänger eingerissen, zu bannen. Aber der Kraft des Jüngeren gelingt es. Auch im Haus und Garten muss man aufräumen. Eine gewisse „Dornröschenstimmung" hat sich allerorten ausgebreitet. Hier gilt es, mit dem Geist und der Tatkraft einer neuen Generation aufzuräumen. Das erfordert viel Arbeit, aber man scheut sie nicht. In der vordem so stillen Lehrerwohnung wird es lebendig. Vier Kinder brachte man mit – aber weiter wächst ihre Zahl. Schon kurz nach dem Umzug, am 22.8.1888, erblickt ein Mädchen das Licht der Welt, Marie Catharine – und zwei Jahre später noch eins, am 27.7.1890 Anna Amalie. In einem Zeitraum von ganz genau 8 Jahren hat die junge Lehrerfrau, die jetzt erst im 34. Lebensjahre steht, sechs Kinder geboren. Aber nun folgt eine Zeit voll Sorge und Trauer. Eine furchtbare Seuche wandert von Ort zu Ort, die Diphterie. In den meisten Fällen versagt die „ärztliche Kunst".

Vater · Nikolaus · Anna · Mutter · Dorothea · Peter
Mariechen · Frieda
1891

Foto: Archiv Andresen

Besonders werden die Kinder von der Krankheit befallen. Zweimal in kurzer Zeit tritt der Tod über die Schwelle des Ulsnisser Schulhauses: am 22.11.1891 stirbt das älteste Kind, Theodora Catharina, nach einem schmerzvollen, mit großer Geduld ertragenem Krankenlager im Alter von reichlich neun Jahren; am 28.1.1893 folgt Frieda Dorothea, einen Tag vor ihrem 6. Geburtstage. So ist die Kinderschar wieder auf vier zusammengeschmolzen. Aber nach diesen kummervollen Jahren sieht die

Mutter noch einmal ihrer Niederkunft entgegen. Am 25.4.1894 kommt ein Knabe zur Welt, Theodor Franz, der Verfasser dieser Familiengeschichte.

Es ist hier am Platze, näher auf das Walten und Wirken des Vaters in seiner Ulsnisser Zeit einzugehen. Innerhalb des kleinen Kreises seiner Angehörigen war er stets bestrebt, den Familiensinn zu pflegen. Seine Erziehungsmethoden kennzeichneten sich durch sorgfältige Beachtung der Grundregeln eines geordneten Hauswesens. Gehorsam wurde von uns Kindern in jedem Falle verlangt, unziemliche Worte wurden nicht geduldet, die Zeit wurde sorglich eingeteilt, einerseits wurden wir regelmäßig zur Arbeit angehalten, andererseits gönnte man uns gerne Freiheit zum Spiel. Keineswegs waltete die harte Knute – es ist hingegen Liebe, viele Liebe bei unserer Erziehung angewandt worden. Auch scheute unser Vater keine Opfer an Geld und Zeit, unsere Kindheit so zu gestalten, wie es zu unserem Besten dienen mochte.

Eine große Vorliebe hegte der Vater für den Garten, von denen es zwei im Schulhause gab, einen größeren Obst- und Gemüsegarten hinter dem Hause und ein kleinerer Ziergarten vor demselben. Unermüdlich war der Vater hier tätig; ganz besonders legte er großen Wert auf die Pflege seiner Obstbäume. Weiterhin war er deshalb bekannt, denn das Obst war erster Güte. Oft hat er davon – jedoch zu Spottpreisen – verkauft, das meiste jedoch wanderte ins eigene Haus oder als Liebesgabe zu Verwandten, Freunden und Nachbarn. Natürlich mussten wir Kinder viel in den Garten hilfreich zur Hand gehen, worin ich eine erzieherische Maßnahme von bedeutsamem Wert ganz im Sinne des Vaters erblicke.

Wenn es Neuerungen gab, war unser Vater, sofern er einsah, dass sie von Nutzen sein konnten, gerne für sie empfänglich. Manche kleine Maschine, die in Haus und Garten, wesentliche Dienste zu leisten vermochte, wurde angeschafft. In den letzten Jahren der Ulnisser Zeit kelterte unser Vater aus den Früchten des Gartens, insbesondere den Johannis- und Stachelbeeren Weine, die ihm bei sorgfältiger Bereitung sehr gut gelangen. Viele Jahre auch betrieb er die Imkerei. In der äußersten Ecke des Obstgartens, wo ein stilles, sonniges Plätzchen sich dafür eignete, ward der Bienenstand hergerichtet. Nach neuesten Methoden selbstgefertigte Bienenkästen standen neben den alten Strohkörben, bestückt von hohen Nussstauden und der Tannenanpflanzung an einem Erdhügel. Manch schöne Honigernte quoll aus den vollen, schweren Waben. Viele Jahre auch hielt der Vater in den Stallgebäuden ein oder gar zwei Schweine, die im Herbst geschlachtet wurden, um im Haushalt passende Verwendung zu finden.

Der Bienenstand im Garten von Franz Andresen

An regnerischen, insbesondere an Wintertagen war unser Vater viel an seiner Hobelbank beschäftigt. Auf den geräumigen Boden des großen Strohdachhauses befanden sich im West- und Ostende mit Brettern abgeteilte Kammern. Hier war die Klüterkammer, hier stand die Hobelbank, an der unser Vater meisterliche Erzeugnisse häuslicher Kunst herstellte. Heute noch befinden sich manche Stücke in meinem Besitz: Blumenständer, Kästen, Ziertische usw. Besonders zum Weihnachtsfest wurde die Hobelbank eifrig benutzt. In früheren Jahren pflegte unser Vater auch sehr die Kerbschnitzerei. Er wie die älteren Söhne haben hierin beachtliches geleistet. Auch von diesen kleinen Kunstwerken befinden sich heute noch in unserem Besitz: Staubtuchkästen, Teebretter, Schlüsselbretter usw.

Sehr gepflegt wurde die Hausmusik. Unser Vater erteilte Kindern des Dorfes wie auch mehreren seiner eigenen Kinder viele Jahr Klavierunterricht. Sein liebstes Instrument war die Geige, welche er gerne zur Begleitung der Klaviermusik benutzte. Mehrere Jahre, besonders zur Winterszeit, leitete unser Vater einen kleinen häuslichen Gesangchor, für welchen er verschiedene Bauerntöchter des Dorfes warb. Die Übungen fanden stets in unserem Hause statt. Bei Festlichkeiten, insbesondere in der Kirche trat dieser Chor dann vor die Öffentlichkeit und erntete oft dankbaren Beifall.

Eins der schönsten Feste in unserem elterlichen Hause war der Weihnachtsabend, der stets mit einer Andacht unter Vortrag des Weihnachtsevangeliums eingeleitet wurde, um darauf seinen Höhepunkt im Nebenzimmer zu erreichen: Um den bis zur Decke ragenden, im Glanz der Lichter erstrahlenden Tannenbaum schlossen Eltern und Kinder einen Kreis und sangen die schönen, schlichten Lieder dieses höchsten christlichen Festes. An Geschenken zu diesem Abend fehlte es nie. Ein festliches Mahl, Plaudern und Spiel füllten die späten Stunden.

Der Familiensinn des Vaters zeigte sich im Weiteren darin, dass er stets mit seiner Familie in den Ferien zu seinen Angehörigen unserer Mutter reiste: Wees, Thumbyholm, Flensburg, Tondern, das waren die Wohnorte der Verwandten.

Als Lehrer folgte der Vater ähnlichen Erziehungsmethoden wie im Hause. Disziplinlosigkeit wurde nicht geduldet, oft gebrauchte er wohl ein strenges Wort, aber von einer Zucht militärischer Art konnte keine Rede sein. Was unserem Vater in der Ausübung seines Berufes in hohem Maße auszeichnete, war das starke Pflichtbewusstsein, welches getragen wurde von einer selbstbewussten Verantwortungsfreudigkeit.

das alte Stehpult des Vaters

Er war bestrebt, allen Kindern unter Abweisung jeglicher Parteilichkeit in gleichem Maße zu lehren. Schlecht begabten Zöglingen wandte er gern seine besondere Aufmerksamkeit zu, gut begabten, half er gerne weiter über das vorgeschriebene Pensum, wobei er nicht verfehlte, die Eltern auf die Gaben ihres Kindes aufmerksam zu machen und ihnen anzuraten, sie weiter bilden zu lassen. In vaterländischen wie in religiösen Dingen hatte unser Vater eine tiefe, ernste und aufrichtige Gesinnung. Später haben manche Schüler und Schülerinnen es unserem Vater zu danken gewusst, dass sie bei ihm eine so gute Schulbildung genossen.

Im Umgang mit den Bewohnern des Ortes tat unser Vater alles und mehr, was von seiner Stellung in dieser Hinsicht gefordert werden konnte. Es war jahrelang Leiter mancher Vereine, so des Kriegervereins, des Vaterländischen Frauenvereins, der Feuerwehr. Bei Veranstaltung von Festlichkeiten war die programmatische Gestaltung derselben stets in seine Hände gelegt. Viele Stunden hat er dafür in völlig uneigennütziger Weise geopfert. Auch gründete er – wohl mehr aus persönlicher Liebhaberei heraus – einen Obstbauverein, der aber nie recht gedeihen wollte. Eine Frucht dieser Bestrebungen war die Anpflanzung einer Reihe von Obstbäumen an der damals neu angelegten Chaussee Ulnis - Hestoft wie auch an der Strecke Hestoft – Goltoft. Diese Bäume stehen heute noch, wenn auch in einem verwahrlosten, kläglichen Zustande. Auch sonst pflegte unser Vater den familiären Verkehr mit den Bewohnern des Ortes. Es gab kaum ein Bauernhaus, in das man nicht wenigstens einmal im Jahre zu Gast geladen war und dementsprechend wurden auch in unserem Hause Gegenfestlichkeiten veranstaltet.

Der bedeutsame Nebenberuf meines Vaters als Organist an der Kirche erforderte viel Zeit und Arbeit. Allsonn- und festtäglich, bei Hochzeiten wie Begräbnissen hatte er der „Küster" die Orgel zu spielen, hatte für die Herrichtung der Lichter auf dem Altar zu sorgen und die Nummerntafeln für die Gesänge des Gottesdienstes in Ordnung zu halten. Eines der schwersten Ämter innerhalb dieser Tätigkeit war das „Parentieren" bei Beerdigungen. Damals herrschte noch der alte Brauch, dass der Küste in dem Hause des Verstorbenen die Leichenpredigt über dem offenen Lager zu halten hatte.

Bei Wind und Wetter musste der Vater oft weite Strecken in die entfernt liegenden Dörfer des Kirchspiels zurücklegen, hatte hier eine schwere Aufgabe in engen, dumpfen Gemächern zu erfüllen, musste wieder die Leiche zurück zum Kirchhof folgen, wo ihm noch nach alter Sitte die Aufgabe zufiel, vom Friedhofstor bis zum Grabe mit entblösstem Haupte, ganz alleine dem Sarge voranschreitend, einen Choral zu singen. Unzählige Male hat der Vater in den 25 Jahren dieses verantwortungsvollen, ernsten Amtes gewaltet. Mit Gewissenhaftigkeit und Sorgfalt, mit innerster Anteilnahme hat er stets diese Predigten ausgearbeitet, wobei er Wert daraufegte, eine eingehende Darstellung von dem Leben und der Person des Verstorbenen zu erhalten.

Leider war das Verhältnis unseres Vaters zu dem Ortsgeistlichen, der zu jener Zeit auch Oberschulinspektor war, in allen Jahren sehr getrübt. Ein Streit zwischen Pastor und Gemeinde hatte ihn in dieses Zerwürfnis mit hineingezogen, worüber eine fragmentarische Darstellung von der Hand des Vaters unter dem Titel „Sieben Jahre Kulturkampf in einer kleinen Kirchengemeinde Angelns" sich im Familienarchiv befindet. Es besteht kein Zweifel, dass unser Vater schwer unter diesem Zerwürfnis gelitten hat, musste er doch mit dem Pastor ständig dienstlich zusammenarbeiten und ihm obendrein noch als seinen Vorgesetzten mit dem schuldigen Respekt begegnen.

Von Gestalt war der Vater mittelgroß bis klein, in gesunden Jahren von normalem Körperbau. Später fiel er sehr zusammen und hatte die Gewohnheit, beim Gehen stets den Blick zur Erde zu richten. Er war ein mäßiger Esser, hatte stets auf die Schwäche seines Magens Rücksicht zu nehmen, mochte aber gerne rauchen, besonders die lange Pfeife, lieber noch die Zigarre. Dieses Rauchen mag ihn von Nöten gewesen sein, weil er infolge seines Berufs viel sprechen musste, andererseits, besonders in späteren Jahren, beruhigte es seine leicht reizbaren Nerven. Ein lästiges körperliches Übel hatte er von seinem Vater geerbt: das übermächtige Schwitzen und das Leiden an kalten Füssen. In seinem Wesen war er hilfsbereit, uneigennützig,

154

ordnungsliebend, gerecht denkend und handelnd. Besonders ausgeprägt waren seine Gewissenhaftigkeit wie sein Pflichtgefühl. Wiederum konnte er hartnäckig auf einem einmal eingenommenen Standpunkt verharren, eine Eigenschaft, die er von seinen Vorfahren geerbt. Für den Alkohol hat unser Vater nie eine besondere Neigung gehabt, wenn er auch wohl in Gesellschaften seinen Grog mit verzehrte. Täglich zwischen 6 und 7 Uhr abends machte er das ganze Jahr hindurch seinen Spaziergang nach dem 2 km von Ulsnis entfernt liegenden Dorf Hestoft. In der geistigen Fortbildung tat unser Vater alles, sofern er nur Zeit dazu hatte. Es las manche Fachzeitschriften, als Tageszeitung viele Jahre die „Itzehoer Nachrichten", ferner das Amtsblatt der Lehrer, gerne schaffte er sich Neuerscheinungen auf dem Büchermarkte an und las sie mit Ernst und Eifer. Seine Lieblingsschriftsteller waren und blieben Fritz Reuter, Wilhelm Raabe, Johann Heinrich Fehrs, aus denen er an langen Winterabenden oft seiner Familie vorlas. Seine Handschrift war sauber und korrekt, wie das von einem Lehrer erwartet werden muss.

Dieses ist in kurzen Sätzen das Bild meines Vaters um die Jahrhundertwende, in jener Zeit, als er, um das 50. Lebensjahr herum, seine vollste Schaffenskraft entfaltete.

Einen der schönsten Festtage, die wir im Elternhause verlebten, war der Tag der Silberhochzeit am 28.8.1906, an welchem die fünf lebenden Kinder im Alter von 22 – 12 Jahren um die Eltern versammelt waren und unter großer Anteilnahme der Verwandten und Dorfbewohner von früh bis spät ein reges, festes, frohes Leben im Ulsnisser Schulhause herrschte.

Aber über die Fünfzig hinaus beginnen beim Vater die Kräfte zu erlahmen. Noch folgen Jahre unermüdlichen Strebens, denn noch fordert die Ausbildung der Kinder große Opfer. Doch mit der Zeit mach sich körperliche Leiden mehr und mehr bemerkbar. Die Verdauungsorgane wollen den Anforderungen nicht mehr genügen. Hinzu kommt ein Nervenleiden, das wohl in der ererbten Natur seine Wurzeln hat. Schlaflosigkeit, Verdrossen- und Verschlossenheit werden immer ärger – bis sich der Vater am Ende bewegen lässt, seine vorzeitige Pensionierung einzureichen.

Am 1.10.1913 tritt er im Alter von 57 Jahren in den Ruhestand. Die Abschiedsfeier von Ulsnis gestaltet sich zu einem großen Fest im Dorfkruge Ulsnis-Kirchenholz. Die Gemeinde überreicht ihm zur Erinnerung für seine 25jährigen treuen Dienste eine goldene Taschenuhr. Ungern scheiden wir alle von dieser Stätte, wo unsere Eltern die beste und schaffensfreudigste Zeit ihres Lebens gewirkt, die uns Kindern unvergessliche Heimat wurde.

Als neuen Wohnort wählt mein Vater Flensburg. Wie soll es anders sein, ist diese Stadt doch schon immer halbe Heimat gewesen. In dem Hause Dorotheenstr. 28 mietet man sich im 1. Stock eine schöne 5 Zimmerwohnung. Nicht weit davon, in einer Gartenkolonie an der Marienhölzung pachtet der Vater sich ein Stück Gartenland, auf dem er viele Stunden seines Lebensabends zubringt.

Die Eltern haben sich von der Zeit des Ruhestandes des Vaters schöne Hoffnungen gemacht. Aber es folgen Jahre der Finsternis, der Sorgen und Schmerzen. Der 1. August 1914 hat die Hoffnungen vieler Menschen jäh zu Nichte gemacht. Unser ältester Bruder, der damals nach langem Studium kurz davor steht, in eine verdienende Stellung zu kommen, muss vom ersten Tage an mit hinaus in diesen furchtbarsten aller Kriege und im November des gleichen Jahres ruft man den Jüngsten der Geschwister, den Schreiber dieser Zeilen.

Ungewisse Zeiten voll banger Sorge folgen für die Eltern. Sie nagen am Geist, an der Gesundheit. Im März 1915 ist der jüngste Sohn nach schwerer Kriegsbeschädigung den Eltern wiedergegeben, im September desselben Jahres kommt die niederschmetternde Trauerkunde von dem Kriegstode des ältesten.

156

Franz Andresen 1919

Von dieser Zeit geht es merkbar bergab mit der Gesundheit des Vaters. Er leidet schwer an Leib und Seele. Trotzdem stellt er sich noch in den Kriegsdienst der Stadt Flensburg, unterrichtet eine Reihe von Kriegsjahren hindurch an Volksschulen der Stadt. Dann kommt das bittere Kriegsende. Die körperlichen Schmerzen, die Verdauungsstörungen werden immer heftiger, bis der Vater sich im Frühjahr 1921 dazu entschließt, sich im Franziskuskrankenhause in Flensburg einer Operation zu unterziehen. Ein großes Krebsgeschwür wird aus dem Mastdarm entfernt. Noch lebt der Kranke einige Tage, noch begeht er am 5. März seinen 65. Geburtstag, aber am Abend des 8. März tritt er unter den Schwächezuständen des Herzens in den Todeskampf ein. Seine Frau, seine beiden Töchter und der jüngste

Sohn, der Schreiber dieses, umstehen sein Sterbebett. Er will etwas sagen, aber das Wort erstarrt im Munde, das Herz tut seinen letzten Schlag.

Nach einer kurzen Trauerfeier in der Kapelle des St. Franziskus-Krankenhauses am 12.3. findet die Überführung per Bahn nach Süderbrarup statt, von hier weiter mit dem Leichenwagen nach Ulsnis. Unter großer Beteiligung der Dorfbewohner wird unser Vater in der Organistengrabstätte neben seinen früh verstorbenen Töchtern auf der südlichen Seite des Friedhofs zur letzten Ruhe gebettet. Nachbarn und Schüler von ehedem tragen den Sarg über den Friedhof. Die Fahne des Ulsnisser Kriegervereins senkt sich über das offene Grab des Mannes, der unzählige Menschen an dieser Stätte das letzte Geleit gab. Als ob auch der Himmel seine Teilnahme bekunden will, gießt eine vorzeitige Frühlingssonne all ihren goldenen Glanz über das schöne Land aus – und als wir ins schlichte Gotteshaus treten, ist mir, als ließe die alte Orgel sonderliche Töne erklingen – um, sie meint es recht, ehrt sie doch ihren alten Meister, der 25 Jahre ihre Tasten und Register mit innigster Kenntnis und Liebe regierte.

Hans Heinrich Andresen

Sein jüngerer Bruder war Hans Heinrich Andresen – Rufname Heinrich - laut Geburts – und Taufregister Munkbrarup *geboren am 21.6.1858, getauft 11.7. – Gevattern: 1. Hans Peter Schmidt – 2. Jens Andresen, Wees – 3. Maria Dorothea Petersen, Wees.*

Durch diesen Zweitjüngsten unter den Geschwistern erhielt die Weeser Familie seine im Mannesstamme aussichtsreichste Fortsetzung. Nicht weniger als acht männliche Nachkommen dieser Linie sind in der jüngsten Generation [1935] am Leben. Hans Heinrich Andresen erwählte den Beruf seines Vaters. Nachdem er schon als Kind auf dem väterlichen Hofe mit allen wirtschaftlichen Arbeiten vertraut worden war, ging er eine Reihe von Jahren in Stellung außerhalb des Heimatdorfes, so eine längere Zeit bei einem Bauern in Markerup, Kirchspiel Husby. Hier lernte er seine spätere Frau, Agnette Cathrine Marie Petersen, kennen. Sie war die Tochter des Kätners und Schmieds Hans Petersen in Markerup und seiner Ehefrau Anne Marie, geb. Möller, geboren am 16.3.1858.

Heinrich Andresen kaufte sich dann eine Katenstelle (1 Pferd) in Thumbyholm bei Thumby in Angeln. Durch unermüdlichen Fleiß verstanden es die beiden Eheleute dies in hübscher Lage mitten im Angellande gelegene Anwesen zu führen und zu einer Lebensquelle für sich und ihre zahlreiche Kinderschar zu schaffen.

Die heimatliche Parzelle der Thumbyholmer Familie war und ist eine Stätte, die von Verwandten zu allen Zeiten gerne aufgesucht wurde und heute noch wird. Unvergleichlich schön ist die Lage auf einem hoch gelegenen Punkte mitten in den fruchtbaren Feldern des hügeligen Angelnlandes. Abseits vom Wege liegt der Besitz, gänzlich mit der umgebenen Natur verwachsen.

Auch die Menschen wuchsen mit der Natur zusammen. Ihre Liebe und Anhänglichkeit, ja, ihr ganz persönliches Verhältnis zu all ihrem Getier in Haus und Hof war bei ihnen immerdar eine Sonderlichkeit. Gastfreiheit und das starke Gefühl des Familienzusammenhangs war auch ihnen zu eigen.

Unvergesslich ist mir dieser Ort mit seinem schönen alten Strohdachhaus und der quer dazu liegenden Scheune, mit dem großen, schattenden Kastanienbaum auf dem Hofplatze, mit dem sonnigen, gepflegten Garten, mit dem herrlichen Blick über Felder, Wiesen, Dörfer und Wälder. Ein bedeutendes Vorbild aber für Andere ist diese Anhänglichkeit der Kinder an ihr Elternhaus.

Leider steht heute das alte Strohdachhaus nicht mehr. Vor wenigen Jahren fuhr der Blitz in sein Gebälk und machte im Nu das alte, vertraute Thumyholm zunichte. Heute hat Peter Carstensen einen Neubau errichtet – fest und solide – doch das alte Strohdachhaus ist es nicht

Heinrich Andresen, Thumbyholm, und seine Frau Agnethe Catharine Marie, geb. Petersen. Foto: Archiv Andresen

Thumbyholm. Foto: Andresen, Thumbyholm.
Aquarell von Theodor Andresen, Thumbyholm

Thumbyholm

„Onkel Heinrich" starb nach einem arbeitsreichen Leben voller Segnungen aber auch voller Kümmernisse, denn fünf Kinder starben den Eltern frühzeitig. Am 2. Februar 1919 schloss er die Augen.

Seine Frau, unsere „Tante Cathrine" folgte ihm nach einem langen, schmerzvollen Krankenlager – sie litt an einem Kropfgewächs, das nicht mehr auszuheilen war, und musste zuletzt den Hungertod sterben. Es war am 5. Mai 1929, begr. 9.5. Beide liegen auf dem Friedhof in Thumby.

Auch an dieser Stelle soll „Onkel Fritz" mit seinen Tagebüchern zu Worte kommen:

Sonntag, d. 27. Dezbr. 1885 – dritter Festtag – In Thumbyholm hat man immer einen ganz ausgezeichneten Appetit, ganz besonders des Morgens beim Kaffee. Weißbrot mit Syrup ist aber auch ein ganz famose Kost. Vormittags mit Franz und Heinrich eine Sparziertour nach Hohlmühle, bei einem Wirte daselbst den Frühschoppen eingenommen und quer über das gepflügte Land nach Tumbyholm zurück...Als ich um 7 Uhr fort musste, war eine solche Dunkelheit eingetreten, dass Heinrich erklärte, nicht fahren zu können, er würde zu Fuß nebenher gehen und das Pferd bei der Station Mohrkirch in Empfang nehmen. Ich fand den Vorschlag annehmbar. Es ging los. Aber nur eben vom Hause fort, verlief sich das Pferd schon über der ersten Koppel. Ich hatte es frei gehen lassen, da ich keine Hand vor Augen sehen konnte. Mitten auf dem gepflügten Feld blieb ich halten bis Heinrich herankam und mich auf den rechten Weg brachte. Wir erreichten glücklich die Straße, da aber fuhr ein böser Geist dem Pferd in die Beine. Es setzte einen scharfen Trab an. Ich trappte nicht schlecht hin- und her, verlor den einen Steigbügel, hielt mich aber noch oben (Wohl in den letzten 10 Jahren habe ich nicht mehr auf einem Pferd gesessen). Nach vielen vergeblichen Versuchen das Prrr half nicht – kriegte ich es schließlich gestoppt und hielt still bis Heinrich pustend und schimpfend herankam. Ohne weitere Unfälle erreichten wir die Station, er machte kehrt und sauste in scharfem Trab von dannen. Ich musste noch längere Zeit auf den Zug warten...

Ostern, d. 10. u. 11. April 1887...Kurz nach unserer Ankunft in Thumbyholm traf auch A. dort ein. Den Nachmittag und den größten Teil des Abends verbrachten wir im Freien zu, unter der Kastanie. Kein Wölckchen zeigte sich am Himmel. Kein Blatt rührte sich und die „ehrbare Person" lachte uns so freundlich entgegen, dass das Herz einem im Leibe hüpfte. Kleine Dora wich fast nicht von meiner Seite, auf Onkel Fritz scheint sie ein Stück zu halten, zu A. sagte sie unzählige Male, dass ich ihr Onkel Fritz sei und dass er gar nichts zu sagen hätte, sobald er ihr das Eigentumsrecht streitig machen wollte...Am 2. Festtag machten wir morgens eine Feldtour nach der nahe gelegenen Gruskuhle und nach der Koppel an der Landstraße...

Hier folgen einige Zeilen meines Vaters aus einem unter dem 2.3.1919 datierten „Nachruf an meinen am 2. Februar 1919 verstorbenen Bruder Heinrich.":

....Auf seinen äußerlich schlichten und einfachen Lebenswandel möge das Wort von dem Haushalter und dessen Treue angewendet werden. Aus einem alten Bauerngeschlecht entsprossen, hatte er von Vater und Mutter ein unschätzbares Gut geerbt, die Arbeit. Sie war ihm gleichsam von seinen Eltern in die Wiege gelegt worden als teures Vermächtnis seiner Vorfahren.

In seiner Jugend von seiner Mutter und den ältesten Geschwistern ständig zur Arbeit angehalten, in dienender Stellung weiter dazu erzogen und in seinem Beruf als Landmann, dazu ausgebildet, war die körperliche Arbeit bis nahe an sein Ende seine Freude und seine Lust. Es ging buchstäblich an ihn in Erfüllung das alte Wort: „So gehet dann der Mensch an seine Arbeit und an sein Ackerwerk bis an den Abend." Ps. 104, 23. Er ging auf seinen ihm und den Seinen liebgewordenen Besitz von 1883 bis 1919, fast 36 Jahre hindurch täglich hinaus an sein Ackerwerk, vom frühen Morgen an bis zu sinkenden Sonne, niemals nachzulassen in seiner unaufhaltsamen Tätigkeit. Wie viele Male hat er auf seinem Acker die Furchen gezogen, den Samen hineingebracht, die goldenen Halme gemäht, den Segen seiner treuen Arbeit eingeerntet. Wie viele Schweisstropfen hat die Erde von seiner Stirn genommen, wie oft hat sein Blick mit Sorge und Bedenken seinen Acker gestreift, wenn der Erfolg seiner Mühe nicht entsprach; wie häufig haben seine Augen aufgeleuchtet und des Landmanns Herz sich gefreut, wenn alles nach Wunsch gedieh...

Als ich am 8. Februar von seinem Grabe fortging unter dem stillen Gedanken: du hast jetzt den letzten Bruder begraben, kein Bruder kann an meinem Grabe stehen, trat der Geistliche zu mir und sprach über den Bestatteten das eine Wort: „Er war ein treuer Mann"...er war treu durch und durch, war treu irdischen Herren gegenüber, treu im Dienste des himmlischen Herrn. Treue übte er allerwege im Kleinen wie im Großen; Treue war seit Leitstern im Eheleben, Treue in der Kindererziehung, Treue gegen Heimat und Vaterland, Treue gegen die Familie im engeren und weiteren Sinne...er war ein treuer Bruder. Wenn unsere Wege des verschiedenen Berufs und der weiten Entfernung unserer Wohnsitze nicht sehr häufig zusammenliefen so

haben die Meinen und ich seine Treue oft gespürt und über seine Bru-
dertreue uns gefreut. Besonders in der harten Kriegszeit haben wirs
mit dankendem Herzen erfahren, wie gut, wie teilnehmend, wie für-
sorgend er war, um seinen Bruder, der nun einmal in dem entbeh-
rungsvollen Wohnort aushalten musste, in der Not beizustehen.
   ...noch eine dritte Charaktereigenschaft hat er als unentbehrliches
Wesens- u. Lebensgut in sich und seinen Kindern gepflegt, das ist die
Wahrheit....Ihm war alles falsche, heuchlerische, schmeichlerische,
flatterhafte Wesen von Grund seines Herzens zuwider. Sein Denken
war Wahrheit, er redete die Wahrheit, seine ganze Arbeit vollzog sich
unter dem Stempel der Wahrheit...In der Kraft solcher Wahrheit fasste
er auch alle Fügungen des Schicksals auf, mochten sie freudiger und
trauriger Art sein. Er blieb in allen Wechselfällen des Lebens immer
derselbe aufrechte, wahre Mensch und Christ, Gatte und Vater, der
seine innere Natur der Wahrhaftigkeit und Wahrheitsliebe nicht auf-
geben konnte und wollte....

Fritz Andresen

Der jüngste Sohn war Fritz Andresen, laut Geburts- und Taufregister Munkbrarup *geboren am 28.5.1860, getauft am 8.6.1860.*
Gevattern: Friedrich Peter Petersen, Flensburg – Anna Maria Bro-
dersen, Ausackerholz – Hans Petersen, Bülemoos.
   So bin ich denn bei jenem „Onkel Fritz" angelangt, dem ich
in gewissem Sinne meinen Vorchronisten nennen kann. Jedenfalls verschafft er mir durch seine gewissenhaft geführten Tagebücher aus den Jahren 1883 bis 1888 einen tiefen Einblick in
sein eigenes Leben, in sein Fühlen und Denken, sondern bei seiner Anhänglichkeit an seine Familie lässt er nur durch diese
Niederschriften einen nicht minder klaren Einblick gewinnen
in jene, meine väterliche Generation. Die Unmittelbarkeit, mit
der diese Tagebücher geführt werden, die immer wieder aus

ihnen herausleuchtende Naivität des Schreibers dafür, dass alles so war, wie es geschildert wird.[55]

Fritz Andresen

---

[55] Folgende Bücher sind in meinem Besitz: Jahr 1883, 13 V. – 31. XII. ; 1885/86, 1. VIII. 85 – (IV 86; 1886, 9 IV – 31 XIII; 1887, 1 I. – 27. VIII; 1888, 10 VI – 5 VIII. – ferner ein Cassabuch über private Einnahmen und Ausgaben für die Zeit vom 28.X.1887 – 8.X.1888. Die fehlenden Bücher befinden sich im Besitz meines Vetters Johannes Andresen in Havetoftloit. Aus ihnen habe ich einige Auszüge abgeschrieben. Die von Theodor Andresen gesammelten Tagebücher sind im Archiv Andresen vorhanden.

Der Lebenslauf des Fritz Andresen ist kurz folgender: Er wurde als letztes, als 7. Kind seiner Eltern auf der Hufe in Wees geboren. Er war erst 5 Jahre alt als der Vater starb. Das Schicksal seiner Kindheit teilte er mit seinen Geschwistern; zwar, er war das Nesthäkchen und diese sollten angeblich ein wenig verwöhnt werden. Möglich, dass dies auch bei ihm geschah, zumal er keinen Vater mehr hatte. Welchen Beruf er ergreifen sollte? Er schien ein aufgewecktes Kind zu sein.

Zum bäuerlichen Beruf hatte er zudem wohl wenig Neigung. So ging er denn in die Kaufmannslehre. Im Jahre 1880 ist er bei der Kolonialwaren-Großfirma N. Andresen C.J. in Flensburg. Eine aus dieser Zeit erhaltene Photographie berichtet davon. Vielleicht wird er auch bei dieser Firma seine Lehrzeit durchgemacht haben.

Am 1.11.1882 trat er bei der Holz- u. Eiergroßhandlung Andr. Dethleffsen in Flensburg auf dem Holm ein. Hier blieb er bis er im Jahre 1888 die Stellung aus Gesundheitsrücksichten aufgeben musste. Aus dieser Zeit stammt das schriftliche Gut, das von ihm erhalten. Es sollte ihm kein langes Leben beschieden sein.

In den besten Jahren, Mitte der 1820er, machte sich bei ihm die damals von der ärztlichen Wissenschaft noch erfolglos bekämpfte Lungenschwindsucht bemerkbar. Alle Behandlungsmethoden versagten. Es ging beständig bergab. Vielleicht trug der Lebenswandel dazu bei, dass das Ende schneller kam. Tabak und Alkohol waren Onkel Fritzens engste Freunde, wenn auch nicht damit gesagt werden soll, dass er sich dem Genuss in dieser Hinsicht im Übermaß hingab. Im Frühsommer des Jahres 1888 wurde der Schwächezustand so groß, dass er seine Stellung aufgeben musste, um auf der Abnahme der Mutter in Wees unter der sorgenden Pflege der Schwester Maria die letzten Monate seines Lebens hinzusiechen. Am 25.10.1888 starb er und wurde von seiner 70jährigen Mutter, seinen 5 lebenden Geschwistern und einem großen Gefolge auf dem Friedhof zu

Munkbrarup in der Familiengrabstätte zur letzten Ruhe gebettet. Eine Ehe war er nicht eingegangen, so dass auch keine Nachkommen von ihm am Leben sind.

Die Eintragung ins Totenregister der Kirchengemeinde Munkbrarup lautet wie folgt: *Reg. No. 31, Todestag: 25.10.1888, Tag des Begräbnisses: 31.10. – der Junggeselle Fritz Andresen, ehelicher Sohn des weil. Hufners Franz Christian Andresen in Wees und seiner Ehefrau Anna Catharina Andresen in Wees und seiner Ehefrau Anna Catharina, geb. Simonsen – geb. 28.5.1860 – Alter 28 J. 5 Monate.*

Was sagen nun seine Tagebücher? Auf weitreichenden Gebieten sind sie aufschlussreich. Eine der charakteristischen Eigenschaften des Onkels Fritz ist seine humorvolle Art. Sie leuchtet immer wieder in seinen Aufzeichnungen durch. Sie mag irgendwie ererbt sein. Sie findet sich in ihrer eigenartigen Prägung bei anderen Geschwistern wieder, so besonders bei Onkel Heinrich. Onkel Fritz scheint aber doch am meisten davon geerbt zu haben. Was weiterhin in seinen Tagebüchern auffällt, ist die Neigung, viel unter Menschen zu kommen, insbesondere in einem engeren Freundeskreis zu verkehren. Bei solchen gesellschaftlichen Zusammenkünften spricht er dann gern dem Alkohol in Form von Punsch und Grog zu, doch hält er darin auch die Grenzen inne, denn er weiß, der „Kater", der „Graue", wie er ihn nennt, kann qualvoll sein. Gewissenhaft ist er in der regelmäßigen Führung seiner Tagebücher. Auch seine Börse hat er genau im Auge und notiert bis auf den letzten Pfenning Einnahmen und Ausgaben. Zu einer Leidenschaft wird ihm das Rauchen. Die geliebte lange Pfeife geht im über alles. Wie schwer entbehrt er sie in Krankheitstagen. Sein Interesse für die Alltagsereignisse ist dauernd wach. Wie viele lokale Ereignisse werden in seinen Aufzeichnungen gewürdigt und besprochen. Eine innige Beobachtung spricht aus diesen Berichten. Sehr viel hat er auch für die Natur, für ihre Schönheiten übrig. Die heimatlichen Fluren durchwandert er oft und